启真馆 出品

〔美〕亨利·波卓斯基 著

朱轩慧 王晓宇 译

再造世界
工程师的冒险

Remaking the World

Adventures
in Engineering

Henry Petroski

ZHEJIANG UNIVERSITY PRESS
浙江大学出版社
·杭州·

图书在版编目（CIP）数据

再造世界：工程师的冒险 ／（美）亨利·波卓斯基著；朱轩慧，王晓宇译. —— 杭州：浙江大学出版社，2025.3. ——（启真·科学）. —— ISBN 978-7-308-25891-3

Ⅰ. K816.16

中国国家版本馆 CIP 数据核字第 2025UD0997 号

Remaking the World: Adventures in Engineering
by Henry Petroski

再造世界：工程师的冒险

[美] 亨利·波卓斯基　著　朱轩慧　王晓宇　译

责任编辑	伏健强
文字编辑	赵文秀
责任校对	黄梦瑶
装帧设计	周伟伟
出版发行	浙江大学出版社
	（杭州市天目山路 148 号　邮政编码 310007）
	（网址：http:// www.zjupress.com）
排　　版	北京楠竹文化发展有限公司
印　　刷	北京中科印刷有限公司
开　　本	880mm×1230mm　1/32
印　　张	9
字　　数	203千
版 印 次	2025年3月第1版　2025年3月第1次印刷
书　　号	ISBN 978-7-308-25891-3
定　　价	69.00元

版权所有　侵权必究　印装差错　负责调换
浙江大学出版社市场营销中心联系方式：（0571）88925591；http://zjdxcbs.tmall.com

谨以此书献给我的妹妹

玛丽安娜

科学家致力于理解已经存在的事物；工程师致力于创造前所未有的事物。

——西奥多·冯·卡门（Theodore von Kármán）

前言

美国科学研究荣誉协会（The Scientific Research Honor Society）类似于全美大学优等生荣誉学会，是由科学家和工程师共同组成的荣誉协会。1986年，协会迎来了成立一百周年的庆典。如今这个拥有九万多名成员的组织，推动科学、技术以及社会的互动，鼓励对科学与技术领域原创作品的认可和支持，而且奖励科研成就。作为百年庆典的一部分，美国科学研究荣誉协会的成员开始展望下一个百年，并决定把协会总部迁至康涅狄格州纽黑文市（New Haven，Connecticut）。他们认为对于协会来说这是最符合其自身利益的。

这次搬迁于20世纪90年代早期完成，与此同时，协会的双月刊《美国科学家》（American Scientist）的编辑部也搬到了北卡罗来纳州的科研三角园区。在这里，它的新编辑布赖恩·海斯（Brian Hayes）重新组织了编辑团队。当时，布赖恩给我写信，表示希望增加杂志中关于工程与科技内容的比重，问我能否给他发一些作为参考的材料。于是，我就发给他几篇当时正在写作的文章，然后，他找到我，提出让我定期撰写一个工程学专栏。我同意了，因此这本书有很大一部分就来自迄今为止我给《美国科学家》写过的三四十篇专栏文章，同时还有三篇首次发表在其他地方的文章，另外有几篇补充了一些当时由于杂志版面的限制而不得不删掉的内容。

我很感激布赖恩·海斯给予我这个机会为《美国科学家》供稿。我也很感谢罗莎琳德·里德（Rosalind Reid）——布赖恩杂志编辑职务的继任者，以及迈克·梅（Mike May）和戴维·休恩梅克（David Schoonmaker），他们对稿件做了细致有益的编辑整理，并且几乎为每一篇稿件都查找和挑选了相关插图。在每一篇文章从定稿到付梓的过程中，和《美国科学家》的整个团队一同工作确实是令人幸福的。同样，再次与阿什贝尔·格林（Ashbel Green）一起工作也是一种幸福，她帮助我挑选了这本书中所包含的文章。我也非常感谢珍妮弗·伯恩斯坦（Jennifer Bernstein）、梅尔文·罗森塔尔（Melvin Rosenthal）以及克诺夫出版社其他参与了编辑、设计和出版本书的工作人员的付出。和往常一样，我要向杜克大学（Duke University）以及其他地方的众多图书管理员致谢，他们帮我取得了重要的材料，即使是在出版迫在眉睫的时候。

在一本被各类人群广泛阅读的杂志上发表文章的快乐，还包括每一期发行后收到的反馈。我很感激我在杜克以及其他各地的许多同事，他们为我的专栏撰写评论，并鼓励我继续写作。我会稳定地收到来自新的、越来越熟悉也越来越多的读者寄来的邮件，他们经常会为我写的东西添上自己的个人经历。这些读者寄来的许多有益又有趣的信件令我十分感激，但是数量太多，无法在这里一一列举。我在书末的"致谢与参考文献"部分对他们的贡献表达了感谢，同时也把他们提供的信息融入了经过修改和补充的专栏文章。有的情况下，我也在书中这一部分拓展讨论了一些似乎不太适合直接加入原文的、较为边缘的内容。对于所有的文章，我都标注了它们第一次发表的日期，并且将主要的参考文献和信息来源罗列了出来。

最后，一如既往地，我要感谢我的家人。我的儿子斯蒂芬·波卓斯基（Stephen Petroski）帮助我从以前的专栏文章中提取了信息。我的女儿卡伦·波卓斯基（Karen Petroski）是我最好的顾问。以及我的妻子凯瑟琳·波卓斯基（Catherine Petroski），即使在她本人忙于研究和写作的时候，她也一直是所有这些专栏文章的首位忠诚读者。

1997 年 5 月
北卡罗来纳州达勒姆市

目录

1

工程师的形象

当我还是个工程学学生的时候，朋友的朋友曾给我起过一个外号"斯泰因梅茨"，并且拒绝用其他名字来称呼我。在我的印象中，我这个朋友的朋友志在商业与政治，对自然科学完全不感兴趣。他从父母那里得知，查尔斯·斯泰因梅茨（Charles Steinmetz）是美国工程学的象征。在被起外号之前，我从未听说过斯泰因梅茨这号人物。一开始，被人用一个我不知道的名字称呼，我不是很开心。但是，当我知道斯泰因梅茨是"一位著名的工程师"，而且他的"讲座极好"，让观众们都沉醉其中时，我受宠若惊，欣然接受了这个绰号。我与那位朋友分别多年以后，才更加了解斯泰因梅茨，也理解了为什么那么多美国人，甚至那些对于科技知之甚少的美国人，将他的名字等同于工程学。

卡尔·奥古斯特·鲁道夫·斯泰因梅茨（Karl August Rudolf Steinmetz）1865 年出生于德国的布雷斯劳（Breslau，现波兰的弗罗茨瓦夫 [Wroclaw]）。中学时代，他的古典文学、物理和数学等科目的成绩都很优秀。在布雷斯劳大学（University of Breslau），他顺利完成了所有课业及毕业论文，已经可以取得数学博士学位。但是，因为他在业余时间与年轻的社会民主党人多有交往，所以在俾斯麦*进行围剿时，他被迫逃往瑞士的苏黎世，并未领受学位。1889年，他移民美国，并将自己的名字简化为查尔斯·普罗蒂厄斯（Charles Proteus），名字的后半部分"Proteus"取自他在学生时代的绰号，据说这是一位可以随意改变自己外貌的希腊海神的名字。斯泰因梅茨住在布鲁克林（Brooklyn），在鲁道夫·艾克迈尔（Rudolph Eichemeyer）手下工作。艾克迈尔是一位流亡的德国社会主义者，后来成为一名资本家和电器设备制造商。斯泰因梅茨工作的地点是扬克斯（Yonkers），这与他住的地方有一段距离。起初，斯泰因梅茨每周挣12美元，随后，他运用自己掌握的数学和物理知识为公司解决了电气工程应用方面的问题。不久之后，通用电气公司（General Electric Company）买断了鲁道夫公司的各项专利。此外，斯泰因梅茨还加入了美国电气工程师学会（American Institute of Electrical Engineers）。在19世纪90年代初，斯泰因梅茨向该学会提交的论文证明了他在该领域的领军地位。例如，他提出的磁滞损失定律使工程师能在不耗时耗力地进行试错实验的情况下计算变压器内部的能量损失，这些损失会阻碍电的分配和使用。

1892年，斯泰因梅茨开始了与纽约州斯克内克塔迪市（Schenectady）的通用电气公司的长期合作。一开始他负责的是计算部门，但很快就被提拔为首席顾问工程师，这是一个专门为他设置的职位。乔治·怀斯

---

* 奥托·冯·俾斯麦（Otto von Bismarck，1815—1898），德国政治家，德意志帝国第一任首相。——编者注

再造世界｜工程师的冒险

（George Wise）曾撰写过多篇关于在通用电气公司做产业研究时的经历的文章，根据他的说法，斯泰因梅茨当时的工作就是解决公司出现的重大技术问题，并就有关技术问题与发展机会向高级管理层提供建议。19世纪90年代末期，斯泰因梅茨提议在斯克内克塔迪市建立一个科研实验室。1900年，他终于说服公司组建了一间电化学研究实验室，用于研发新型灯具，以帮助通用电气公司应对日趋激烈的竞争，尤其是与更加专精于工程与科学的西屋电气公司（Westinghouse Electric Corporation）等的竞争。

工程师顾问这一身份使得斯泰因梅茨有大量时间开设讲座、教书和写作。联合学院（Union College）为他提供了开设电气工程理论原理讲座的机会。后来也是在这里，他获得了自己在德国没能取得的博士学位，尽管只是名誉博士。斯泰因梅茨在交流电电路计算中引入了复数，他撰写的课本中记录了这些技术和计算方法，这些内容为一代又一代的工程师提供了理论基础。开创性的工程工作让斯泰因梅茨得以按照自己的风格在通用电气公司工作，因此，他怪异的一面也变得和他的成就一样尽人皆知。他会收集形状怪异的仙人掌；从不离手的雪茄时刻讽刺着公司"禁止吸烟"的标语，据说标语后来改成"除斯泰因梅茨博士以外禁止吸烟"；在他经常处理工作的私人寓所，接待来访政要时穿的红色毛衣和泳裤都成为他天才的标志。

斯泰因梅茨的私人寓所是一处位于莫霍克河（Mohawk River）支流旁边的营地，他用坝截断小溪，蓄起一片平静的池塘。不止一位作家曾谈起斯泰因梅茨对池塘的利用。一位来访的记者写道："这世上或许再也没有

斯泰因梅茨在独木舟中工作

这样的办公场所了：一艘破旧歪斜的 12 英尺 * 长的独木舟，船尾放着一个坐垫，两侧船舷之间放着四块板子用作书桌。每次斯泰因梅茨到河中去工作时，他总是用胳膊夹着论文，使用哈钦森制作的四位对数表进行计算，旁边放着一个纳贝斯克**的饼干盒用来装铅笔。"对数表很少派上用场，据说斯泰因梅茨只是习惯性地带在身边，以防自己突然忘记了。

　　19 世纪末 20 世纪初，斯泰因梅茨的名声已经无人能敌。1902 年哈佛大学（Harvard University）授予他文学硕士学位。据报道，他出席了毕业典礼，身穿"绝大多数人穿着去钓鱼也会觉得羞耻的普通商务装"。但他并非因为着装出色而受到嘉奖，当时的哈佛校长查尔斯·威廉·埃利奥特

---

* 1 英尺约等于 0.3 米。鉴于本书涉及内容是工程设计，为了确保其描述的准确性，均保留原书英制单位。——编者注

** 纳贝斯克，Nabisco 的音译，是国家饼干公司（National Biscuit Company）的简称。——译者注

（Charles William Eliot）称斯泰因梅茨获得这一学位是因为他是"全美乃至全世界的杰出电气工程师"。

斯泰因梅茨的成就与怪癖使他自然成为当时报纸和流行杂志报道的主角。这些媒体对科学技术的重视程度丝毫不亚于对其他领域，如新闻和文化。在马塞尔·拉福莱特（Marcel LaFollette）的《内化科学：科学的公众形象，1910—1955》（*Making Science Our Own: Public Images of Science, 1910—1955*）一书中，斯泰因梅茨被列为当时美国大众杂志科技类最常出现的话题对象和故事主角，他和托马斯·爱迪生（Thomas Edison）在拉福莱特的榜单上名列前茅。他们在公众心目中的地位如此显赫并非毫无缘由，因为他们与电力，尤其是与通用电气公司的联系被该公司利用到极致。然而，这种利用可能对塑造美国工程学的大众形象产生了意想不到且不幸的副作用。

通用电气公司的公共关系部门利用斯泰因梅茨的知名度，将这位在实验室首次制造出照明动力的工程师塑造为"现代电气发展的绝对象征"，从而让冰冷、抽象甚至有时令人畏惧的新技术拥有了人格化的化身。斯泰因梅茨的名气、怪诞的生活方式和乐于配合的性情，为通用电气公司的摄影师提供了大量的拍摄机会，让他们可以拍下这位工程师在各种场合和情景下的形象。他伏案工作之状，同爱迪生、古列尔莫·马尔科尼（Guglielmo Marconi）或是道格拉斯·费尔班克斯（Douglas Fairbanks）碰面的场景，骑自行车，利用电台广播与观众互动以及衣冠齐整地躺在莫霍克河中央的石头上，凡此种种都成为当时杂志和周刊的新鲜素材。好玩的照片似乎尤其受到这位电气工程师的喜爱，他很喜欢自己在暗房里用许多个"斯泰因梅茨"制作合影。

斯泰因梅茨是约翰·多斯·帕索斯（John Dos Passos）的小说《北纬四十二度》（*The 42nd Parallel*）中一个短篇传记的主人公，这部小说是帕索斯的"美国三部曲"中的第一部。多斯·帕索斯是一名社会历史学家和激进的评论家，也是第一次世界大战后崛起的"迷惘的一代"的主要小说家之一。他写道："斯泰因梅茨的一生就如同归属于通用电气公司的一件器械。"他表示，通用电气公司的公关"每个周日都在向美国大众灌输一些谄媚的故事"，这显然说的是公司每周广播的斯泰因梅茨的通俗讲座。

通用电气公司公关部门发行的诸多读物中，有一张斯泰因梅茨与阿尔伯特·爱因斯坦（Albert Einstein）的照片，这张照片在1921年爱因斯坦获得诺贝尔物理学奖以后被广为传播。针对这张著名的照片，多斯·帕索斯在1930年为斯泰因梅茨所写的短篇传记中写道："他与爱因斯坦碰面时，所有的记者都围绕在旁，却没有一个人能够记录下他们交谈的内容。"

约翰·乔丹（John Jordan）在为科技史学会（Society for the History of Technology）的期刊《技术与文化》（*Technology and Culture*）撰写的有关斯泰因梅茨和效率政治学的文章中说，这张照片最早于1965年出现在《生活》（*Life*）杂志上。最近，我常在各类文章中看到这一说法，但这些文章通常对斯泰因梅茨的成就闭口不谈，要么只是浅浅地提到科学家与工程师或科学

爱因斯坦和斯泰因梅茨的"合照"

与工程学的话题。

与斯泰因梅茨的许多其他照片不同的是，这张与爱因斯坦同框的照片既没有将斯泰因梅茨置于主导或权威的位置，也没有刻意隐藏他先天性的驼背和弯腰的体态。在这张照片上，"相对论之父"爱因斯坦身形高大，充满自信，笔挺地站立着；站在他身旁的斯泰因梅茨矮小佝偻，眉头紧锁，嘴里叼着烟，一只手插在口袋里，衣服皱巴巴的。斯泰因梅茨看起来十分矛盾，看似向着那位著名的科学家微微倾斜，却又用手肘与他保持着距离。两人的衣着也更凸显了他们之间的不协调。爱因斯坦头戴帽子，身穿深色大衣；斯泰因梅茨未戴帽子，露出微微谢顶的头部，穿着浅色的西服套装——两人仿佛身处不同的季节。

讽刺的是，在斯泰因梅茨的无数宣传照之中，如今人们最常见到的正是这一张。在这张照片里，他看上去似乎仅仅是因为站在一位诺贝尔奖获得者身边才受到赞誉，好像工程师总是要倚仗一位科学家一样。这张照片的符号语言强化了工程师与科学家、工程学与科学之间的关系的刻板印象。斯泰因梅茨这位伟大的工程师被简化成他本人的滑稽肖像，言下之意，他的成就相较于他身旁所站的巨人而言，是渺小的。

斯泰因梅茨与爱因斯坦的这张合照是假的，这张照片所影射的科学与工程学之间的关系也与真实情况相悖。这位伟大的科学家和这位伟大的工程师从来没有拍过这样的单独合影。根据乔丹的说法，乔治·怀斯曾向他指出这张照片实为捏造的，是通用电气公司过分狂热的宣传部门的伪作。斯泰因梅茨与爱因斯坦两人曾一同出席 1921 年在新泽西州新不伦瑞克市（New Brunswick，New Jersey）举办，由美国无线电公司（Radio Corporation of America）赞助的一场越洋电报发送展示会。当时出席的一行约二十人共同拍摄了一张大合影，斯泰因梅茨与爱因斯坦也身处其中。后来，通用电气公司重新编辑制作了这张伪照，并在爱因斯坦获得诺贝尔奖的消息公布之后发布了这张照片。

爱因斯坦和斯泰因梅茨等人的集体照
广泛流传的"合照"就是截自这张集体照

但即使不谈这张经过篡改的照片，也不提它如何使斯泰因梅茨在历史中沦为爱因斯坦的卑微陪衬，人们若凭借他自制的多重曝光影像，将他视为一位骄傲而玩世不恭的天才，情况又能好到哪里去呢？在这些照片中，有的是克隆出的斯泰因梅茨中穿插了其他人；有的是几艘船上分别坐着几位泳装美人，每个人身边都有一个斯泰因梅茨陪侍；有的则是许多个斯泰因梅茨的群像，却没有爱因斯坦的踪迹。这些照片可能是斯泰因梅茨在暗房对自己单身无子的一生的悲观思考，也可能只是他用于放松的奇思怪想。在斯泰因梅茨去世后，他的遗物中有几百张这样的相片。

实际上，要说斯泰因梅茨身体的缺陷与畸形的体态削弱了他在工程学方面取得的伟大成就，就如同称斯蒂芬·霍金（Stephen Hawking）的残疾削弱了他对科学做出的贡献，或认为富兰克林·罗斯福（Franklin D. Roosevelt）的小儿麻痹辱没了他的政治成就一般。斯泰因梅茨在年轻时就已经正视了自己畸形的身体，并决定不婚以规避将自己因遗传所患的残疾再传给下一代的风险。在一张初到纽约时留下的家庭合影中，这位年轻人站在椅子旁，并没有坐下以掩饰自己的残疾，而且他在 1909 年担任美国电气工程师学会主席时的肖像照，证明他也能看起来气宇轩昂。在通用电气公司后期的宣传照片中，斯泰因梅茨大多时候都以一位爱抽雪茄的可爱怪才的形象出现，常常倚靠在桌椅板凳或栏杆上，以遮掩背部那不寻常的弯拱，与罗斯福利用讲台来掩饰装配支架的腿的做法有异曲同工之处。

不论斯泰因梅茨是否如某位作家所讲的那样，由于身体的残疾而对人类投以了更多的爱心，他都确实使工程师这一职业与社会责任感紧密关联。尽管多斯·帕索斯写道，"通用电气公司迁就他并放任他成为一个社会主义者，并且相信改进人类社会的方式就如同改进发动机一般"，但无疑，斯泰因梅茨的技术成果是受其服务社会的信念激励的结果。

可以肯定的是，在斯泰因梅茨的心中，他是一名工程师，而非一位发明家，这与后者已包含着保密事项、企业家精神以及资本主义竞争这些元素不无关系。与他同时代的埃尔伯特·哈伯德（Elbert Hubbard）写道："斯泰因梅茨十分厌恶被称作发明家。他说：'我只是一位工程师。我的任务是制造引擎，把基础形态的能量输送到工厂和家庭，并将能量分成无限小的部分，以完成缝纫、搅拌、洗衣以及其他本应由人力完成的费力吃苦的活计。'"但斯泰因梅茨也一定知道，工程其实就是制度化的发明。

1922 年，在斯克内克塔迪教育委员会（Schenectady Board of Education）出色地完成其本职工作，并在当地政界参与过其他一些活动之后，斯泰因梅茨参选了纽约州工程师与测量师一职。他对人们的关心延伸到了环境领域，对于城市扩张和能源消耗所导致的空气污染与水污染十分忧心。他主张对尼亚加拉瀑布（Niagara Falls）的水源进行引流（考虑到游客，周日和节假日除外），利用它所产生的 900 万马力 * 的水力进行发电，这样每年可节省 5400 万吨燃煤。斯泰因梅茨的竞选并不成功，但到他次年可能由于身体畸形导致肺部受到压迫，以致心脏衰竭而去世时，他在技术与社会层面都留下了优秀的成果。不幸的是，今天太多人只记住了他站在爱因斯坦身边的别扭的身姿。更令人心痛的是，这一长期以来被科学家夺去光芒的工程师的形象，完全与事实相违背。这张伪照不过是影像制作走上歪路的产物。

---

* 马力（horsepower）是表示功率的单位，由詹姆斯·瓦特（James Watt, 1736—1819）制定，其原始定义是一匹马一般能输出的功率，即马每秒做的功。1 马力约合 735 瓦。——编者注

2

诺贝尔奖

诺贝尔奖（Nobel Prizes）源自阿尔弗雷德·伯恩哈德·诺贝尔（Alfred Bernhard Nobel）本人亲笔所写的遗嘱，原文还不到三百字。由于未经律师之手，这份遗嘱里没有寻常繁难的法律术语，即便是普通人，读起来也很轻松。在申明将财产中相对较少的部分留给自己的继承人之后，这位单身汉首先指定：

> 我名下所剩的全部可变现资产……应用于设立一份基金，每年以奖金的形式授予那些在此前一年里为全人类带来最大福祉的人。

因此，诺贝尔的意图是很清晰的，设立这些奖项的目的是对成就给予充分的表彰。该奖项所认可的贡献似乎更接近工程和应用科学而非理论和基础科学，而且诺贝尔的主要意图应该是对技术产品的奖励至少要多于抽象的猜想和理论（如果不将其排除在外的话）。确实，基础科学家们所代表的基础科学的普遍看法是，尽管在未来可能产生一些没有预料到的实际后果，但他们的研究并非必须具有任何可以预见的或具有目的性的实际利益和物质利益。

在遗嘱的第二条，诺贝尔规定了奖金应来自可变现资产投资"安全证券"所得的利息，并这样分配：

> 奖金应该被分为……五等份，以此进行分配：每一等份分别颁发给在物理学、化学、生理学或医学、文学领域做出突出贡献，以及在促进各国友谊、废除或裁减军队和促进和平谈判上做出重要贡献的人。

诺贝尔似乎一点也不在意那些获得奖金的人是否具有专业资质或地位，也不在意其专业领域。很明显，对于他来说，那些发现或发明本身才是重要的，它们是出自专业人士还是业余爱好者之手则无关紧要。"物理学"和"化学"这些术语只是为了区分应用的领域，而不是区分研究或专业分支的领域。

诺贝尔所处时代的物理学包含机械、热能、光学、电气、磁力的经典现象，以及在 X 射线和其他不可见射线方面取得的新发展。化学处理的当然是那些物理过程无法独立解释的现象。即使是在文学领域，诺贝尔似乎也明确了自己倾向于那些拥有超越自身目的的作品，或许可以将其称作"应用型文学"，一种如同约翰·加德纳（John Gardner）所说的"道德小说"的叙事作品。由此可见，诺贝尔对于从艺术的角度评价艺术并不感兴趣，对于从科学的视角评价科学同样如此。

在他的遗嘱中，诺贝尔明确了要由什么组织或团体来颁奖：

物理学奖与化学奖将由瑞典皇家科学院授予，生理学或医学奖由斯德哥尔摩的卡罗琳学院授予，文学奖由斯德哥尔摩的瑞典学院授予，和平奖由挪威议会选出的五人委员会决定。

尽管世界公民诺贝尔曾生活在世界各地，但是他的家族却来自瑞典和挪威。我们可能永远无法知道，对于什么机构应该颁发奖项这件事他是否深思熟虑过，或者他只是在没有征求它们意见的情况下，随便指定了这些令他感到怀旧或只是看上去方便且有能力完成这项任务的机构。然而，从遗嘱中可以清晰地看出，这些机构只能负责被指定奖项的授予，而不能规定奖项的范围类别。不幸的是，由于诺贝尔本人没有更严格地界定他想要颁发的奖项，因此是这些颁奖机构之后在事实上定义了这些奖项。

最后，这份遗嘱表明这些奖励应该是国际性的，正如诺贝尔的化学工程事业一样：

我明确希望，在确定这些奖励时，将完全不会考虑候选人的国籍问题，只有最值得的人才会获奖，无论他是不是一个斯堪的纳维亚人。

很明显，诺贝尔绝没有将工程学的成就排除在获奖范围外。实际上，遗嘱的第一条有关获奖人的规定并不关心他们是不是被认可的或正统意义上的科学家、作家或任何专家，而恰恰是他们的劳动成果是否值得被认可，因为他们"在此前一年里为全人类带来最大福祉"。

几乎在诺贝尔起草他的遗嘱七十年以前，作为土木工程师学会（Institution of Civil Engineers）皇家宪章提案的一部分，托马斯·特雷德戈尔德（Thomas Tredgold）提出了一种工程学的定义。尽管他使用的是"土木工程学"（civil engineering）这一术语，但是这一定义此后被应用到所有非军事用途的工程学领域。依据特雷德戈尔德的定义，工程师们似乎正是诺贝尔奖的首要候选人：

> 土木工程学是引导自然界的巨大能量为人类所用以及提供便利的艺术，是改变了整个世界的状况和局面的那些最重要的自然哲学理论的实际应用。

自然界的能量来源最终指向的当然是诺贝尔所处的 19 世纪的物理学和化学，自然哲学（如科学）的实际应用正是发明和发现的源头。确实，诺贝尔遗嘱中的用词几乎与特雷德戈尔德的定义——呼应，"人类的福祉"等于"人类的便利"，并且诺贝尔对于奖项全球性的构想与特雷德戈尔德所认可的没有国家界限的工程学的目的十分相近。

显然，在物理学和化学领域的发现与发明中都有工程师参与，因此他们不应当首先从诺贝尔奖的候选人中被排除。并且，在诺贝尔立下遗嘱的时代——也就是 19 世纪末——"科学"（science）以及"科学的"（scientific）这样的词相较于今天，更常用于表示工程学和对科学技术的探索研究。只需要读一读最近一期《科学美国人》（*Scientific American*）上的《50年、100年和150年前》（"50，100 and 150 Years Ago"）这篇文章，就能发现以往的工程学与科技是怎样全部被囊括在"科学"这个标题之下的。如果再看一眼1895年出版的《科学美国人》，这一点就更加确凿了。

在诺贝尔写下遗嘱的那一年，《科学美国人》在封面上注明它是"一份关于实用信息、艺术、科学、机械、化学以及制造业的周刊"。具有代表性的封面绘画往往展示的是轮船制造、电缆维修船，或是其他新的工程学成就。一份典型的小报尺寸的十六页期刊会包含一整页发明目录，都是一周以来记录在案的被授予专利证书的发明。1895年《科学美国人》上的故事通常都是关于现在被归类为工程学或科技的内容。例如，在诺贝尔立下遗嘱的一周内刊发的一份《科学美国人》，有一篇关于曼哈顿银行着火案中火对于结构钢的影响的文章，里面包含了一张梁和桁架的工程图纸。用这本杂志当时的话来说：

> 每一期都包含十六页的实用信息以及大量新发明与新发现的原创版画，覆盖了工程学作品、蒸汽机械、最新发明、机械创新、制造产业、化学、电气、电报、摄影、建筑、农业、园艺及自然历史等领域。每周都有完整的专利列表。

我们所认为的属于科学和研究的内容大多被排除在外，收录在"一本单独的、不一样的出版物"中：

《科学美国人（副刊）》……涵盖了科学与实用艺术领域主要方向的杰出作者最近的论文，包含生物、地质、矿物、自然历史、地理、考古、航空、化学、电气、光学、热学、机械工程、海洋工程、摄影、科技、卫生工程、建筑、园艺、国内经济、传记及医药……

国内外最重要的工程项目、机械装置和产品的插图与介绍尽在《科学美国人（副刊）》。

可以看出，在诺贝尔的遗嘱起草并被翻译成英语的时代，"科学"（science）和"工程学"（engineering）两词的使用至少是交错混杂的。有两点是无可辩驳的：第一，工程学的成果确定无疑属于科学的范畴；第二，与专业机构相反，公众心中的工程学的地位至少与科学是旗鼓相当的。但到了颁发诺贝尔奖的时候，这些条件已经不再有利于工程学了。

工程学的角色并不总是像 19 世纪末期时那样。早在特雷德戈尔德被请去给工程学下定义的数个世纪以前，与科学相关的协会就已经建立起来了。所以说，在诺贝尔的时代以前，科学已经作为一门独立且拥有清晰定义的学科彻底实现了机构化。在牛顿那个时代，工程学不仅在牛津大学（Oxford University）和剑桥大学（Cambridge University），而且在其他任何大学，显然都没有被认定是一门真正的学科，而当时的英国皇家协会已经十分繁荣了。今天我们所熟知的分门别类的工程学科是随着工业革命，从蒸汽引擎、钢铁桥梁和其他实体科技产品的建设和制造技艺中形成的。实际上，第一批现代工程师中的一些人并没有**应用**科学，而是**引领**了科学。热力学（thermodynamics）可能被看作蒸汽引擎的实际应用，理论构造分析则被视作桥梁建造的应用。从手艺人对工具的巧思妙用中产生了科学发现，而科技随之而来的这一观点，具有说服力地反击了那种认为科技仅仅是应用科学的传统认知。

大约在19世纪中期，在工程师刚开始组建像英国土木工程师学会（British Institution of Civil Engineers）和美国土木工程师协会（American Society of Civil Engineers）这样专业化的机构时；在工程学教育已经稳定发展但仍局限于技术学校，而与之相对的科学则在长期发展的大学中被教授和训练时；当随着诺贝尔也亲身参与的国际贸易日渐发展，工程和技术成为第二次工业革命中的关键因素时——科学和技术之间的裂痕已经在慢慢变大。

到了19世纪与20世纪之交，第一届诺贝尔奖颁发时，科学已经对工程学产生了很大的敌意，而且不愿意放弃它有可能取得的任何利益。当时科学界的规模、特性和政治乃至职业优势，使得它能够有效地组织起来，抓住诺贝尔的遗嘱所提供的机会，而技术界则无法做到。第一位诺贝尔化学奖得主——J. H. 范特霍夫（J. H. van't Hoff）在他的获奖致辞中，一边谴责"技术成功的欢庆喧嚣淹没了自然法则轻柔的乐章"，一边对诺贝尔奖兼顾"纯粹"/理论科学和"实用"/应用学科的授奖表示认可。如果我们想理解事情是如何一步步由诺贝尔的遗嘱发展至此，而工程师又是如何走入他们今天所面临的困局，就需要回溯一下遗嘱所表达的真实意图是如何被践行的。

阿尔弗雷德·伯恩哈德·诺贝尔在1833年10月21日出生于斯德哥尔摩。他的父亲伊曼纽尔·诺贝尔（Immanuel Nobel）是一位工程师兼发明家，小阿尔弗雷德正是从父亲那里学到了工程学，他们就像当时的很多父子一样。另外，就像那个年代许多既是发明家又是实业家的工程师一样，他的父亲破产了，迫使其全家在 1842 年从瑞典搬到了俄国。在这里，老诺贝尔获得了成功和名望，阿尔弗雷德的教育由私人家庭教师负责，他也在这一时期接触到了化学和语言学方面的知识。关于阿尔弗雷德·诺贝尔的早期事业，诺贝尔基金会（Nobel Foundation）的官方出版物和《大英百科全书》（*Encyclopaedia Britannica*）等标准参考书在细节上有一些分歧，但有一点共识，就是他成了一名机械和化学工程师，为父亲处理爆炸物方面的工作。到了 1867 年，他已经在炸药方面获得了一项专利，这也为他带来了巨额财富。

据统计，诺贝尔一生中获得了 355 项专利，显然他对这些专利进行了大力开发。据说他兴建了 90 家工厂和企业，覆盖了五大洲的 20 个国家，是创立跨国公司的先驱者。尽管这些活动影响了诺贝尔从事科学研究、取得新发明的时间，但是要获得相匹配的经济回报，这些牺牲却是必需的。因此，对诺贝尔来说，科研本身似乎已经不再是一项可以全情投入的爱好了。

阿尔弗雷德·诺贝尔在他去世前一年的 1895 年 11 月 27 日立下遗嘱，遗嘱公布后，亲属们都吓了一跳，他们只分到了价值 3100 万瑞典克朗的总资产中的 100 万克朗。除了家属有可能质疑这份遗嘱，对于执行人来说，他们至少还面临着三个主要问题：第一，遗嘱的司法管辖权；诺贝尔幼年离开瑞典，此后也从未成为任何国家的合法居民。第二，资产的清算问题以及遗嘱中所谓的"安全证券"并未给出定义。第三，基金的管理以及奖金分配规则的建立。

令财产执行人惊讶的还有他们在处理这些问题时所要担当的角

色。很明显，在不知情的情况下，化学工程师拉格纳·索尔曼（Ragnar Sohlman）、机械工程师鲁道夫·利耶奎斯特（Rudolf Lilljeqvist）以及诺贝尔的助手被诺贝尔指名担任执行人。鲁道夫·利耶奎斯特在 1895 年创立了电化学公司（Electrochemical Company），诺贝尔曾为其公司投入了相当数量的资金。然而，这两位工程师并没有在诺贝尔奖的建立发展中发挥出重要作用。

执行人聘请了卡尔·林德哈根（Carl Lindhagen）担任遗产律师，他领头协商并起草了实际的颁奖程序。当时林德哈根的政治生涯刚刚起步，他似乎秉持着最公正的立场来履行诺贝尔的遗嘱，他的家庭和朋友圈使他可以方便地联系瑞典科学界。他的叔叔是一个天文学家，在皇家科学院（Royal Academy of Sciences）担任秘书。他的父亲是斯德哥尔摩大学一个科学研究机构的创始人之一，卡尔·林德哈根自己也在这所学校担任了十年的秘书。在这里，他和 S. A. 阿雷纽斯（S. A. Arrhenius）教授以及 O. 彼得松（O.Pettersson）教授的关系非常密切，这两位教授后来都成了诺贝尔物理学奖和化学奖委员会里很有影响力的元老成员。也就是说，从一开始，硬科学*而非工程学的代表们就已经获得了这位拥有特殊的权力来成立诺贝尔奖颁奖机构的人的青睐。

林德哈根继续起草章程，为执行者和颁奖机构之间的协商提供基础。对于这两者的合作，诺贝尔或多或少预料到了一些。林德哈根和索尔曼努力划分了预料中会引起争议的不同领域的奖项，尤其是，他们尝试定义

---

* 硬科学（hard sciences）是自然科学与技术科学交叉的统称，其研究内容包括数学、物理学、化学、天文学、地理学、生物科学等学科。——编者注

"物理学""化学"等内容，但在最终和授奖机构的协商中，这些内容大部分都被删去了。对于授奖机构的科学家协商者而言，要更清晰地阐述获奖者的发现、发明和进步具有何种重要性，是一件难以确定的事。他们习惯了科学协会主要依据过去——有时是很长时间以来——的表现授予荣誉，而且尤其注重那些记录在已发表著作中的成绩。在最终的章程中，只有已经发表的作品才有资格获得诺贝尔奖，这样的条款对于工程师来说当然不是最有利的，因为比起发表论文，他们更倾向于在机器和建筑中实现自己的想法。

最后，基于各方一致同意的章程建立了一个组织架构，而并未设定对最终颁奖领域和成果的选择规则。1900 年 6 月 29 日由瑞典及挪威国王奥斯卡二世颁布的《诺贝尔基金会章程守则》（"The Code of Statutes of the Nobel Foundation"）开头这样写道："诺贝尔基金会，基于阿尔弗雷德·伯恩哈德·诺贝尔博士和工程师最后的志愿和遗嘱所成立。"

尽管这份章程引用了遗嘱的相关段落，并且不断提到遗嘱的内容，但是，与对遗嘱本身的恰当解读相比，人们还是更加关注管理奖项的机制，以及诺贝尔基金会成员的人员组成和其享有的权利等内容。诺贝尔基金会一旦建立，它就将实现而且也确实基本上实现了自我管理，这也导致基金会此后难以从构成上或思维上发生改变。不仅如此，章程的第十部分还指出："对评审员的颁奖决定不得提出抗议。如有不同意见，不应出现在议程记录中，也不应以任何方式让公众知晓。"

于是，由民众授权组建起来的诺贝尔奖机构，却不鼓励任何的民众监督机制。只要机构在他们狭窄的、自我定义的同侪范围内保持着秩序和理性的表象，尤其是在物理学、化学、生理学或医学领域，那么这些领域以外的人想要加入诺贝尔奖评审委员会就是天方夜谭。在这个奖项颁发的前15年，物理学和化学委员会的成员当中只有一位被看作"工程师"，即在1913—1924年服务于此的 A. G. 埃克斯特兰德（A. G. Ekstrand），并且他也确实没有在决定性的政策制定中起到什么重要作用。直到今天，根据《诺贝尔基金会章程守则》，科学类奖项的获奖提案，也就是提名方案的提交权只有经过选拔的小组成员才享有，而组内包含工程师的可能性也是微乎其微。

显然，诺贝尔奖的政治生态以及它从阿尔弗雷德·诺贝尔简略的遗嘱中变为现实这件事与工程学的利益是相违背的。如果诺贝尔的遗嘱表述更清晰、更严明，或许他就能更明白具体地表述"发明"（invention）、"发现"（discovery）和遗嘱中的其他词语所要表达的意思，或许他就能够阐明工程师是否有资格获得诺贝尔奖或者加入遴选委员会。事实证明，这份遗嘱不准确的措辞使得那些打算掌控提名过程的人依循自己的利益改变了它。诺贝尔基金会的一份出版物甚至承认"如果这份遗嘱是用严格的法律形式书写的，那么它可能就无法适应当今这个时代了"。而它是如何适应的当然就取决于谁掌控了适应的过程。

科技这一研究领域包含了有获得诺贝尔奖潜力的方向，但是产生的诺贝尔奖却少之又少。为工程师颁发诺贝尔奖以奖励他们对工程学（科学）做出的贡献，在诺贝尔奖颁发早期是一个公开讨论的问题。1908年一篇题为《诺贝尔奖的目的》（"The Purpose of the Nobel Prizes"）的社论出现在《纽约论坛报》（New York Tribune）上。其中一部分写道：

诺贝尔基金会最值得注意的特点之一就是它忽视了诺贝尔本人的专业出身……诺贝尔至少在年轻的时候是一名机械工程师。人们可能认为，他会因自己对人类做出的贡献而受到那一科学分支的信徒的欣赏，比如在发展先进的交通工具以及制造设备方面做出的贡献。他或许没有想到那一段历史已经过去。因为作为一个有像他那样的经历的人，对其他学科展示出偏好多少显得有一点奇怪。

　　很明显，早年间基金会也感受到了来自工程师的压力，1912 年诺贝尔物理学奖委员会的提名遭到否决，大家支持的是瑞典发明家尼尔斯·古斯塔夫·达伦（Nils Gustaf Dalén），因为"他发明的自动控制器和储气罐为灯塔和航标提供了照明"。但无论是这一次，还是 1909 年古列尔莫·马尔科尼和费迪南德·布劳恩（Ferdinand Braun）因"他们对于无线电报的发展所做出的贡献"而获奖，在诺贝尔奖的获奖历史上都是罕见的。举例来说，飞机的发明就没有得到诺贝尔奖委员会的认可，这明显是因为（委员会认为）它可能造成的人员伤亡超过了它可能为人类带来的益处。这样的想法十分具有讽刺意味，因为正是炸药的破坏性力量造就了诺贝尔奖。而粒子物理学和原子物理学的发现即使产生了那样的后果（原子弹），却也获得了如此多的诺贝尔奖。

　　因此也就不难理解，为什么在 20 世纪 80 年代工程师团体强烈要求设立一个单独的诺贝尔奖项。但是对于新奖项的诉求几乎可以说是注定要失败的，因为每一个领域的群体都希望能设立本专业独立的奖项，而诺贝尔基金会并不乐意（增设奖项来）降低奖项的含金量。1969 年，人们在诺贝

　　　　　　　　　　　　　　　　　再造世界｜工程师的冒险

尔遗嘱中提到的奖项之外添加了一个单独的奖项，但从技术上来讲，这并不是诺贝尔奖，而是"为纪念阿尔弗雷德·诺贝尔设立的瑞士银行经济学奖"。不过，似乎只要是与诺贝尔的名字相关的奖项都会引起争议，一些经济学家竟然呼吁废除经济学奖，因为他们认为缺乏杰出的候选人。而且这一领域对于优秀与否的评价标准充斥着政治和社会的价值判断，因此难以做出客观的评判。

增设经济学奖属于特例。在 1983 年，时任诺贝尔基金会执行主任的斯蒂格·拉梅尔（Stig Ramel）在一次发言中说，基金会在若干年前已经决定不再设立更多的奖项。因此，工程师的诉求从一开始就注定无法实现，1986 年，他们要求设立单独的工程学奖的申请被正式拒绝了。

两年后，美国国家工程院（National Academy of Engineering）设立了查尔斯·斯塔克·德雷珀奖（Charles Stark Draper Prize），后来被称为"工程学的诺贝尔奖"。这个奖项是为了纪念来自马萨诸塞州堪布里奇（Cambridge，Massachusetts）的查尔斯·斯塔克·德雷珀（Charles Stark Draper）的捐赠而设立的。德雷珀奖每两年授奖一次，"用于奖励为人类福祉做出杰出工程学贡献的个人"。第一届德雷珀奖在 1989 年被授予了两位工程师，杰克·基尔比（Jack S. Kilby）和罗伯特·诺伊斯（Robert N. Noyce），他们独立发明并改进了集成电路。后来的奖项分别颁发给了喷气发动机、计算机语言 Fortran 以及通信卫星技术的相关工程师。但是比起每年诺贝尔奖公布时狂热的媒体报道，这些奖项的公众认知度还很小。令人感到讽刺的是，阿尔弗雷德·诺贝尔如此渴望人们认可工程师的成就，却事与愿违，造成了完全相反的效果。

3

亨利·马丁·罗伯特

无论是社会组织、市民团体还是高校教职工会议，参与者几乎都在某个场合听说过罗伯特议事规则。然而通常情况下，这些规则总是被提及，却很少被记住。尽管参与者本意是好的，但几乎没有哪场会议会严格按照罗伯特议事规则推进。实际上，最初制定这些规则的工程师甚至要比这个议事规则的细节更不为人知。

亨利·马丁·罗伯特准将

亨利·马丁·罗伯特（Henry Martyn Robert）1837 年出生于南卡罗来纳州罗伯茨维尔（Robertville，South Carolina）小镇附近的家庭种植园，位于乔治亚州州界上的萨凡纳河（Savannah River，Georgia）以北约 40 英里 *。在家里的七个孩子中，他排行第四。他的父亲

---

* 英里（mile）是英制长度单位，1 英里约合 1.6 千米。——编者注

约瑟夫·托马斯·罗伯特（Joseph Thomas Robert）是一位浸信会牧师，母亲阿德琳·伊丽莎白·罗伯特（Adeline Elizabeth Robert）是一名军人的孩子，她的兄弟则是后来的北方联邦军的将军亚历山大·劳顿（Alexander R. Lawton）。亨利·罗伯特的祖辈之中还有皮埃尔·罗伯特（Pierre Robert），他是17世纪南卡罗来纳州的第一批定居者之一，也是这里的第一位胡格诺派牧师。

1853年，在联邦产生分裂以前，亨利·罗伯特被派到美国陆军学院（U.S. Military Academy，又称西点军校）学习，并于1857年从那里毕业。他在西点军校时非常擅长数学，当他还是学员的时候，曾经在某个场合担任过数学教授的助理。毕业之后，他担任了一位应用数学教授的助理教授一年，同时还在学校教授自然哲学和天文学。

1858年，在工程兵军团的指派下，他到工程兵部队服役，并前往位于美国西北部的华盛顿领地*（Washington Territory），负责一个旨在对抗印第安人活动的工程项目。由于横跨大陆的铁路线还没有建成，罗伯特和他的手下选择了熟悉的"海—陆—海"线路从东海岸前往西海岸，这意味着他们需要跨越巴拿马地峡（Isthmus of Panama），在这里，罗伯特染上了"巴拿马热"（这场病的后遗症后来导致他错失了亲临战场的机会）。

在西部，罗伯特开始考察货运和军事路线。然而，当美国和加拿大发生国界纠纷时，他和这一区域的其他军队却发现他们被困在了圣胡安群岛的富卡岛（San Juan de Fuca Island），该岛恰好位于有争议的边界上，与

---

* 华盛顿领土于1853年设立，1889年加入联邦后改称华盛顿州。——编者注

温哥华岛（Vancouver Island）的东南角相对，在那里他们建起了防御工事，抵御英国可能会发起的战争。不过罗伯特并没有参与西北部地区的任何对抗，因为在南北战争打响前，他已经被派回东部负责华盛顿哥伦比亚特区（Washington，D. C.）的防御任务。热带病挥之不去的困扰使得他被重新安排到更北的地区修筑防御工事，首先是费城（Philadelphia），随后又被调到了马萨诸塞州的贝德福德（Bedford）。战争末期，罗伯特已经升任上尉，并被再次派往西点军校，在那里重新进入实用军事工程学院（Department of Practical Military Engineering）。在该学院担任了一个学期的财务主管之后，他被提拔为少校，又一次被派往西海岸。这一次，他在旧金山担任一支太平洋区域军队的总工程师。

罗伯特作为一名军事工程师，在其后的职业生涯中频繁奔走于美国各地。例如，他曾担任过俄勒冈州（Oregon）、华盛顿州（Washington）等地的军事防御工程的主管工程师；他曾负责过苏必利尔湖（Lake Superior）、密歇根湖（Lake Michigan）、伊利湖（Lake Erie）、安大略湖（Lake Ontario）和尚普兰湖（Lake Champlain），圣劳伦斯河（St. Lawrence river）和田纳西河（Tennessee river）等地的河流改善工程；他也负责过特拉华湾（Delaware Bay）、长岛海峡（Long Island Sound）和纽约港（New York Harbor）等地的改善工程。对于当时的军事和民用工程师而言，这种漂泊不定的工作方式是常态。当军事工程师忙于维护航道和海港时，民用工程师却往往在军方希望保持畅通的水道上方修建轨道和桥梁。这激起了不少军事工程师与民用工程师之间关于航运与路运权利的争端，却也意外地推进了桥梁工程的发展。跨径更宽、净高更高的桥被建造出来，以维持汽船等船只水路通行的顺畅。

到了1895年，罗伯特已经被提拔为上校，负责西南片区，这里包含了从匹兹堡（Pittsburgh）到得州加尔维斯顿（Galveston，Texas）在内的11个工程片区，在这里他完成了自己最杰出的工程作品。距此时大约五年前，他作为工程师团队的成员，被指派在墨西哥湾西海岸调研适合修建港口的地点。这些码头将满足逐渐增长的棉花和其他海运产品的运输需求。罗伯特提议修建一系列码头，形成宽阔的水道，避免日后形成淤积。在19世纪60年代维护密西西比河（Mississippi River）河口的河道时，相似的计划曾由詹姆斯·布坎南·伊兹（James Buchanan Eads）提出过一次，当时工程兵部队的领导团队中就有不少人持反对意见。等到罗伯特再次提出对加尔维斯顿港口进行类似的处理时，伊兹在新奥尔良（New Orleans）地区的工作已经取得了预期的成功。经过一段时间的努力，加尔维斯顿的码头建设完毕，随着码头间水流速度的提升，阻塞海湾入口的沙洲逐渐移动到更深的水域，规模也逐渐缩小，一切就如罗伯特所预测的那样。

1901年，作为对其工作上杰出表现的奖励，罗伯特被升至准将，并且被任命为工程师总长，但是由于法定退休年龄的要求，他在这一岗位上的时间只剩三天。如同许多退休的军事工程师一样，此后罗伯特以顾问工程师的身份继续工作。由于之前他负责了加尔维斯顿港口的建设，因此他自然就由市政府邀请继续负责在这里对其进行维护。在1900年的一场飓风期间，巨浪袭击了加尔维斯顿，吞噬了6000人。罗伯特担任了一个工程师团队的主席，并应要求提出解决方案以避免未来类似灾难的发生。他们提出了建设海堤的计划，建成的海堤在之后1909年和1915年的风暴中有效地保护了这座城市。每次风暴发生后，罗伯特都被邀请继续为加尔维斯顿服务。海堤顶部的花岗岩纪念碑上铭刻着负责建设的工程师的名字：总负责人罗伯特；时任美国土木工程师协会主席的阿尔弗雷德·诺贝尔（Alfred Noble）；以及加尔维斯顿此前的城市工程师 H. C. 里普利（H. C. Ripley）。

像许多工程师，尤其是负责重要项目的工程师一样，罗伯特也需要撰写报告和专著。1881 年，他出版了《水力喷射装置对于工程建设的辅助作用》（*The Water-Jet as an Aid to Engineering Construction*），并汇编了在南北战争以后的重要建设时期，美国工程兵部队对河流和港口所做的全部改造工程。在全身心地投入工程师工作的同时，罗伯特也以同样的热情发展着自己的业余爱好。而这项爱好最终使得他的名字与议会程序密不可分地联系在一起。

罗伯特初次接触到秩序问题据说是在马萨诸塞州。作为年轻的工程师，他被指定为主持人，负责主持一场规模甚小却十分混乱的教堂会议。那时他对议会程序一无所知，后来有关那次经历他这样描述："我感到前所未有的尴尬。"他继续写道："我全心投入，天真地相信集会者们都会规规矩矩。但随着会议的进行，我逐渐下定决心，在了解议会法之前，我再也不要参加这样的会议了。"罗伯特认为，知晓此法是"每一个受过教育的人必须具有的知识武装"，他决定学习议会法。

他发现与这一主题相关的文本寥寥无几，而且，即使是他后来找到的规则也与实际的执行情况截然不同。著名的法理学家卢瑟·库欣（Luther S. Cushing）在 1845 年出版了《议会规则手册》（*Manual of Parliamentary*

Procedure）。这本书在当时对于大众集会而言，其重要性不亚于托马斯·杰斐逊（Thomas Jefferson）所写的《国会规则摘要》（Digest of the Rules of Congress）之于立法机构。显然，罗伯特在开始撰写他自己的议事规则时，对这两部作品既不了解也不重视。再次被派往旧金山之后，罗伯特遇到了来自全国各地的各色人士。他进一步认识到，对于如何用合适的方法组织一场会议这一问题，人们有许多不同的观点。起初，罗伯特将库欣的《议会规则手册》视为权威标准，但是他逐渐发现，作为一套现成的规则，它在使用中存在不完善和不适用的地方。

正如罗伯特在对自己的议事规则的介绍中所提到的，议会法"最初指的是英国议会处理事务的惯例和规定"。这些不成文的规定经过修订为美国国会所用，但是在众议院和参议院的实际操作中存在着重要的区别。例如，罗伯特指出，在动议[*]的优先权规则中，立刻结束辩论的动议在众议院得到承认，而在参议院却没有。而且，随着两党分化的国会的发展，议题数量也不断增长，而议会规则竟然允许多数人限制乃至阻止辩论在这一审议机构中进行，这对罗伯特来说是不能接受的。因此，他写了《议事规则》（Rules of Order），以使议会法"在细节层面与普通人群的实际操作情况"相适应。不仅如此，根据罗伯特的说法：

这一议事规则的目的是协助每场集会用最优方法完成它的使命。

要做到这一点，就有必要在一定程度上限制任何一个群体中的个体，

限制他们做自己想做却与集体利益不相匹配的事情的权利。在缺乏规则的地方，如果每个人都做他认为正确的事情，那么这里也就是最缺乏自由的地方。

罗伯特对于民主程序的热情同样体现在他的另一段广为流传的话里，从这段话中，或许还能读出他一生中参与的最有意义的斗争——南北战争：

> 民主政治亟须吸取的沉痛教训是，占据多数的群体需要给予少数群体完整的、自由的机会来展示他们的境遇和看法，而少数群体既然未能让多数人支持他们的观点，就应该优雅地接受和承认那些以整个群体为单位的行动，并且乐于协助执行，直到它被废止。

在初次尝试设计更加民主的议事规则时，罗伯特写了"一份15页纸的小册子，用于他和朋友们在推进自己感兴趣的慈善组织、社会组织和市政组织的审议工作时提供指导"，E. J. 梅伦（E. J. Mehren）如是写道。梅伦是《工程新闻纪录》（Engineering News-Record）的编辑，1920年在这份刊物上发表了评论亨利·马丁·罗伯特的文章，目前这篇文章是关于这位工程师以及他的事业的首要信息来源。梅伦回忆起自己与罗伯特的第一次会面，会面地点是加尔维斯顿城中的加尔韦斯酒店（Hotel Galvez）的大厅。罗伯特作为建造海堤的工程师为他详细地讲述了海堤建造的过程。在交谈了一小时关于海港的故事以后，对话就转到了出版，罗伯特透露他已经写成一本"小书"，其中的内容同样很精彩。

在调任密尔沃基（Milwaukee）之后的 1874 年，严冬使得军队的活动只能局限于密歇根湖，罗伯特决定利用这段闲暇时光撰写一本权威的议会规则手册。罗伯特认定这个问题可以用系统工程学的分析方法来解决，因此他"细致地分析了每一个动议和议事程序的每一个环节"，然后用他自己的方法来测试这些原则，以"确保集会的审议属性并保障每一个成员的权利"。随后在年底前，罗伯特就完成了这本关于议会法的书的手稿。"东部最主要的出版社之一"——纽约的 D. 阿普尔顿出版公司（D. Appleton and Company）拒绝了这本书的出版，因为他们认为"这样一本书的需求很有限"。罗伯特毅然决定自己出版这本书。他购买了用于印刷的纸张并且挑选了印刷样式，"以确保书的不同章节和具体内容的排版能够吸引读者"。出版的过程十分艰辛，由于还负责工程兵部队的工作，罗伯特只能偶尔抽出时间进行校对。因此，为了避免浪费太多印刷字版，罗伯特每次只印刷 16 页。但是罗伯特下定决心要照顾到每一个细节，他甚至选择了常见的口袋本尺寸，为参会者携带这本书提供方便。

初始版本的《罗伯特议事规则》（*Robert's Rules of Order*）仅包含规则，也就是现在这本书的第一部分。当他的妻子海伦·玛丽·罗伯特（Helen Marie Robert）指出仅仅列出规则会"让没有议会经历的人感到十分困惑"之后，罗伯特为他的手册加上了第二部分。这一部分告诉读者在首次召开"有组织的、规范的集会"之前有哪些事情是必须准备的。这部分还处理了一些实际的问题，例如在会议规定时间多久以后正式开始开会，以及如何在尚未选举会议主席和书记的情况下组织确定人选。在一名宗教组织的成员抗议自己被驱逐出会议的情况发生之后，罗伯特又增加了第三部分，

再造世界｜工程师的冒险

规定了集会的法律权利和规范成员行为的条例。这一内容现在已经被添加到了议事规则的第二部分。

在图书印刷并装订完成以后，罗伯特又主动向议员、教授和法律机构等免费提供了 1000 本试读本和宣传本。这才吸引到芝加哥的一家出版社——S. C. 格里格斯出版公司（S. C. Griggs Company）正式出版这本书。这家公司同时负责这本书的销售。这本书第一版的书名为《审议机构议事规则口袋指南》(*Pocket Manual of Rules of Order for Deliberative Assemblies*)。除去试读本和宣传本，第一次印刷还剩 4000 本，罗伯特估计可以销售两年的时间，这使他有充足的时间来收集反馈意见并筹备修订版。作为一名工程师，罗伯特深知一本书就像一项海港工程一样，设计中的缺点要在使用的过程中经过检验才能暴露出来。因此，他期待着能有"可以帮助这本书修订的批评意见"，于是此前也就"没有制作用于印刷的电铸版，因为我希望能够在定版之前对这本书进行修改"。

实际上，这本书最初的反响十分热烈，以至于在 1876 年 2 月出版后的 4 个月内就销售一空。之后制作的印版在 1893 年时就损耗殆尽。此时新修订的内容在新的印版制作完成前就已经添加进来了。当时，各种组织已经开始在他们的规章制度中直接对《罗伯特议事规则》进行引用，将其作为自身规则所未清楚谈及的事务的权威解释。到了 1914 年，不同版本的《罗伯特议事规则》已经销售超过 50 万册。1915 年，书内未包含来自"全国各地对相关问题的咨询"，这激励了新的扩充版本的筹备，据说这一版本将会包含 75% 的新内容，因此需要批准新的版权。为避免与旧版本产生混淆，斯科特·福尔斯曼出版公司（Scott, Foresman and Company）

发行的新版本将书名改为《罗伯特议事规则（修订版）》（*Robert's Rules of Order, Revised*）。

亨利·罗伯特在纽约的霍内尔（Hornell）——他第二任妻子伊莎贝尔·利文斯顿（Isabel Livingston）家附近，度过了生命的最后时光。在他83岁的时候，他监督翻修了自己的旧房子，并在其中继续从事写作。他于1923年在霍内尔去世，被埋葬在阿灵顿国家公墓（Arlington National Cemetery）。他的成果成为罗伯特家族后人一份独特的遗产。罗伯特的后人继续修订着这部作品，将罗伯特自己在书上标注的内容加进去，并随着议会自身规则的改变更新细节内容，以确保《罗伯特议事规则》的时效性和实用性。他们的名字作为编辑和助理被添加到封面页，也作为罗伯特的遗产受益人继续出现在版权页上。《罗伯特议事规则（最新修订版）》（*Robert's Rules of Order, Newly Revised*），即手册的第七版于1970年出版，第九版于1990年出版。如同码头或海堤坚固的基础一样，这位工程师所著的原始版本《罗伯特议事规则》中具有决定性的概念继续为这一不断改进的作品提供着持久的个性与价值。而这位大抵已经被遗忘的工程师的名字已经与他的作品融为一体。

4

詹姆斯·内史密斯

几乎没有工程师比詹姆斯·内史密斯（James Nasmyth）更清楚作图对于他的专业实践的重要性了。詹姆斯 1808 年生于爱丁堡，其父亲亚历山大·内史密斯（Alexander Nasmyth）是一位画家。亚历山大被称为"苏格兰风景艺术之父"，而且还是一位出色的机械师。除了画室之外，老内史密斯还有一间设备齐全的工作室，在这里，他可以在画画之余休息一会儿，沉浸在"精巧而富有

詹姆斯·内史密斯

艺术性的机械制品中，几乎所有这些物品都是他自己用双手制作的"。这个房间只允许他最亲近的朋友和那些能够欣赏这些机械制品的熟人进入，里面的东西就像产品目录里的插图一样整齐地摆放着。詹姆斯认定是作为机械师的父亲亚历山大在 1794 年发明了"弓弦桥"，我们现在称为系杆拱

桥 *。这种桥最早是在南大西洋圣赫勒拿（St. Helena）岛的深谷上建成的。虽然一开始轻钢桥的承载力受到质疑，但是在一次承载测试中，桥体在野牛群的冲击下依然毫发无损。从此以后，人们就开始满怀信心地使用这种桥型了。人们还认为是老内史密斯发明了不需要重锤敲击的铆接方式。据报道，他用台钳的钳口挤压热铆钉的钉头，从而在一个周日的早晨保持着"最完美的安静"修理了一口铁炉。这种"周日焊接"方式可以制造出紧实可靠的焊点，因此渐渐被广泛用于制造钢铁锅炉和建造船只。该技术被用于铆接著名的布列坦尼亚桥（Britannia Bridge）的锻铁板，这座桥是钢管结构，横跨威尔士西北部的梅奈海峡（Menai Strait）。

乍一看，19 世纪艺术家的"周日工程"似乎与 20 世纪末期工程师的"周日画作"一样不寻常，但这只是传统的智慧。事实上，亚历山大所做的这类工程，其他很多有时间、有条件和有兴趣的人也可以做，而且也成功了，他们中很多成功的人可不是仅仅花费了几个周日。画家或者其他具有想象力和创造力的人可以不经过正式的训练就研究工程，正如工程师可以不上一节绘画课程就进行绘画创作。一些人做工程要比其他人更好，正如有的人画画比其他人更好一样。有成就的人与不那么有成就的人的区别，似乎就在于已经取得的或是将要取得的成就是否能得到认可，无论这成就是精妙的机械设备，还是精美的绘画。

正是在父亲的工作室里，詹姆斯·内史密斯第一次使用机械工具，他

---

* 系杆拱桥为无推力拱式组合体系桥，由拱圈、主梁和吊杆组成，其中拱圈和主梁是主要的承重结构，两者相互配合共同受力可减少水平推力，吊杆可减小梁承受的弯矩。最具代表性的是 1932 年建成的悉尼海港大桥。——编者注

将这次经历称为"我的初级技术学校——我人生理想的源头"。内史密斯并不是很喜欢高中，尤其讨厌拉丁语。高中毕业后，他通过私人课程继续学习，其中欧几里得（Euclid）启发了他的智力，但是真正激发内史密斯想象力的却是在当地一家炼铁厂参加的活动：

> 没有什么事情能比这更符合我的兴趣了，因为在那里我能看到钢铁铸件是如何被制造出来的。那里既需要人工作业，也需要蒸汽机，我也能看到动力的生产和联动方式。对我来说，那是机械实践中最具有指导性的学校。尽管那时只有13岁，我还是义务参与了工厂作业，满腔的热情弥补了体力上的不足。我回忆当时那些日子，特别是在这个令人敬佩的铸铁厂车间里度过的那些星期六的下午，这是我作为机械工程师所接受的教育中最重要的部分。我并没有阅读这方面的书籍，因为文字并没有什么用处……

詹姆斯还用化学物质做过实验。他和一个朋友尽自己所能制造了很多化学药品，他认为这段经历在了解学习材料的过程中是不可或缺的。在他死后由塞缪尔·斯迈尔斯（Samuel Smiles）在1883年编辑（如果不是由他代写的话）出版的自传中，詹姆斯为19世纪末的科技教育中已经没有了自己青年时代的那种工厂生活而叹息不已。他批评家长们的行为——给孩子买现成的船舶和蒸汽机模型，然后"花费巨款"将这些"年轻的骗子们"送到工程公司当学徒，最后发现他们只能学会"戴手套和抽雪茄"。内史密斯接着说道：

事实是，双眼和双手——不戴任何东西的双手——是获取实际操作指导的两个主要渠道。它们是工程师在自己所必须处理的操作和材料中获取可靠知识的最主要来源。没有任何书本的知识能达到这个目的。材料的基本性质和特性必须通过指尖去了解和掌握，因此我对沉迷于戴手套的年轻工程师没有任何信心。

因此，詹姆斯本人作为一名亲身经历了 19 世纪上半叶"在做中学"的工程教育，又目睹了 19 世纪下半叶"在书本中学"的工程教育这一转变的工程师，对工程行业的改变感到悲伤，他将工程定义为常识在材料中的应用，从双手的经验出发成为头脑中的知识。但是我们现在也正像他当时所做的那样，在发展和超越他一生的认识。

年轻的詹姆斯拥有一个优势，他有机会在父亲的指导下练习绘画：

他教我如何精确地绘制每个物体，不管是自然的还是人造的物体，以使得手能准确地再现眼睛看到的事物……他有时会把一些砖块或者几块木头随手往地上一扔，然后让我描摹出它们的形状、比例和光影……

我的父亲是图形语言（graphic language）的狂热爱好者，这一点在我这里得到了继承。事实上，这也是我所受教育的主要内容之一。这让我能够用铅笔寥寥几笔就记录下所观察到的东西，它远远超过了任何数量的文字所能表达的效果。这种图文并茂的表达能力对于向人们传达物体形态而言是最杰出的天赋，不论是传达简单常见的事物、机械制品的某种结构、精美建筑的细节，抑或是宽广延伸的自然景观。这种精准绘图的训练……在未来的许多年里，对我的工程工作帮助很大，后者也成为我一生的事业。

在詹姆斯开始自己一生的事业之前，他参加了 1821 年建立的爱丁堡艺术学院（Edinburgh School of Arts）开设的第一批课程。这是一所技术学校，其成立参考了格拉斯哥（Glasgow）的机械学院。在那里，格拉斯哥大学（Glasgow University）自然哲学专业的主席约翰·安德森（John Anderson）教授曾给城镇"各种阶层、年龄和职业的人们"开设夜课，他宣扬的思想为工人和机械作业中潜在的规则提供了指导。詹姆斯在这所学校学习到 1826 年，参加了化学、机械哲学、几何学和数学课程。他制作过蒸汽机的部件模型和工作模型，不仅在学校做过课程展示，也在大学的自然哲学讲座上演示过。

在研究不同公司制造的发动机的过程中，詹姆斯发现亨利·莫兹利（Henry Maudsley）的伦敦机械工厂是"所有杰出机械制造工艺的中心和巅峰"。詹姆斯希望能到那里当学徒，但他也不知道是否有这个可能。他写道："我意识到父亲没办法负担那么高的费用供我去莫兹利的工厂当学徒。而且，我听说莫兹利已经停止招收学徒了。"

显然，这家机械工厂不再招收学员，是因为学徒们总是戴着手套不按时上班，这些行为经常会影响这里的生意。但是，詹姆斯仍然希望，通过向莫兹利展示自己的画作和模型，能让莫兹利为自己破例，因此这个满怀希望的年轻人打算做一件"最完整的高压发动机模型"。另外，我以相同的方式制作了几个能体现我作为机械制图员能力的标本，因为我知道莫兹利一定能深入地了解我按照计划工作的能力。机械制图是工程师最基础的能力。没有这一能力，工匠仅仅是"一只手"。有了这一能力，他才能展示出自己拥有的"一个智慧的头脑"。

　　詹姆斯的热情打动了莫兹利，当他看到这个年轻人作品的质量时，并未把他收为学徒工，而是聘其为这所大师级私人工作室的助手。到1831年莫兹利去世前，他们一直一起工作。随后，詹姆斯自己出去闯荡，而且立志要干一番大事业，因为这时他已经开始自己生产机械工具和机车了。

　　1839年，詹姆斯收到了一封信，由此开启了他的重要事业。他得知布里斯托尔（Bristol）的船坞里正在建造"大不列颠号"（Great Britain）。作为当时最大的船只，它需要一个非常大的铁轴。詹姆斯看完信才知道，英格兰和苏格兰都没有足够有力的锻锤来完成这个任务。因此，他开始思考是什么限制了现有锻锤的建造能力，是什么因素使得它们不能更加有力。他意识到设计上面临的问题是需要想出一种方法，能够以足够的精准度反复升降重型铁块来完成这项工作。然后，詹姆斯说道：

　　根据这个想法，我提交了我的"计划书"，里面的机械改造基本上是我在头脑中直接构思，然后在钢笔和铅笔的帮助下，在纸上将它们呈现出来的。在脑海中清晰地"描画"了我设计的蒸汽锻锤后，我很快在纸上将其绘制出来。

因此，在得知需要锻造一个巨大的铁轴后的半个小时内，詹姆斯就已经绘制出他的解决方案。他把这个蒸汽锻锤的构想与轮船建造的总工程师伊桑巴德·金德姆·布鲁内尔（Isambard Kingdom Brunel），还有其他一些人进行了交流沟通，并得到了由衷的认可。詹姆斯允许造船厂把这个想法告诉任何可能想搭设这样的蒸汽锻锤的锻造车间，条件是锻锤由他自己的公司来供应。

　　然而与此同时，一艘重达 237 吨、由螺旋推进器而不是桨轮驱动的蒸汽船驶入了布里斯托尔湾（Bristol Harbor），也就是建造"大不列颠号"的地方。"阿基米德号"（Archimedes）是世界上第一艘成功使用螺旋推进器推进的蒸汽船。布鲁内尔一看到这艘船，就马上暂停了自己船上桨轮推进系统的建造工作。通过签署合同他获得了"阿基米德号"6 个月的海上试验权。这种新的驱动方式是如此先进，以至于布鲁内尔决心重新把"大不列颠号"设计成螺旋推进的船只。当时海军部对布鲁内尔的选择持怀疑态度，他因此安排了一场船与船之间的拔河比赛，参赛的这两艘船分别是"阿列克托号"（Alecto）和"响尾蛇号"（Rattler）。两艘船除了推进系统不一样外，其余部分的构造一模一样，前者用的是传统的桨轮，后者用的是新系统。当两艘船开足马力向前推进时，"响尾蛇号"拖着对手以接近 3 节 * 的速度飞速航行。

---

* 节（knot）是航海及航空领域专用的速度单位，1 节约合 1.85 千米 / 时。——编者注

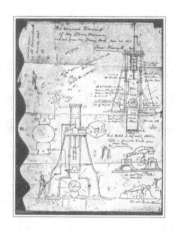

詹姆斯·内史密斯的计划书里的一页
展示了他对蒸汽锻锤的构想

　　"大不列颠号"原来以巨大铁锻件为核心的桨轮系统被螺旋推进器方案取代了，所以英国也不再着急需要詹姆斯的蒸汽锻锤了。不仅如此，1840年发生了一场范围很大的经济萧条，钢铁市场也陷入困境。尽管蒸汽锻锤非常吸引人，但是没有一家炼铁厂能够接到足够的订单，投资制造如此大型的新设备，因此这种蒸汽锻锤最终仅仅是作为一张草图存在。

　　不过，詹姆斯的生意依旧不错，他不仅继续向国外的公司售卖机械工具，而且还会向海外的参观者免费分享他的新想法，向他们展示自己的计划书。其中一位参观者是一家法国钢铁厂的老板，在詹姆斯不在场的情况下，有人向他展示了计划书，他草草记录了詹姆斯蒸汽锻锤的想法，并把这个构想带回了法国。两年后，在一次海外参观时，詹姆斯意外发现自己的想法变成了现实。在法国克勒佐（Creuzot）的一家钢铁厂里，詹姆斯发现蒸汽锻锤被制造了出来，并且正投入使用。内史密斯怀着喜忧参半的心情，在工厂技术总管 M. 布尔东（M. Bourdon）的介绍下，参观了这个巨大的蒸汽锻锤。

就在那里，我脑海中诞生的孩子就真实地伫立在那里！直到刚才我还以为它只存在于我的计划书中，但它已经在我脑海中反复地出现了很多次。在参观蒸汽锻锤的时候，我发现布尔东省略了一些重要的细节，这导致几次故障的发生，尤其是活塞杆与锤块连接处频繁损坏……我在板子上把各个地方的全尺寸图纸画给他看。我告诉他，活塞杆末端下面的弹性填料，作用就像人体椎骨之间的软骨一样，能够防止剧烈震动带来的破坏性作用。我也跟他交流了其他几个重要的细节，这都是他在草率地查看我的设计时所遗漏的。诚然，我在做这件事的时候感到了莫大的快乐……

我当时还没有为蒸汽锤申请专利。原因是这样的：在我发明它的时候，申请专利预计花费大约 500 英镑。我的合伙人不愿意为一项当时没什么市场的发明花费这么多钱，而我自己已经把所有的资金都投入这项发明了……

现在，我开始警觉起来，我害怕可能会失去发明的收益……我妻子的兄弟……已经……提醒我很多次，不要在尚未取得专利保护的情况下就到处"发表"蒸汽锤的优点。因此，他已经准备好帮我申请专利了。他帮我支付了必需的费用，专利在 1842 年 6 月最终申请成功，也就是在我从法国回国后不到两个月的时间。

很快，修建铁路的热潮席卷了英国，伴随着这一切以及其他方面的发展，钢铁市场从萧条中恢复。詹姆斯的蒸汽锤，由于是大型船只锻造结实的船锚不可缺少的设备，因此在英国国内和国外，包括美国，都得到了广泛的使用。海量的订单为詹姆斯和他妻子的兄弟带来了巨额收益。

1851年的伦敦万国博览会*（Great Exhibition）展出了詹姆斯设计的蒸汽锤的样品，在他的自传里，詹姆斯用其他人赞赏水晶宫的热情来描绘这个机器：

> 这个机器将巨力和精巧结合在了一起。这个铁锤可以轻轻地敲碎铁砧板上的玻璃酒杯中放着的一枚鸡蛋的末端，下一击又可以重到震彻整个教区，或者也可以在下落途中突然停止。

詹姆斯对这个发明如此满意，以至于他画了一幅惊人的油画，内容就是他在曼彻斯特的铸造厂里使用的蒸汽锤。根据一个当时欣赏过他画作的人所说，詹姆斯"如果没有踏入科学和机械领域的话，一定会成为一名出色的画家"。因此，在万国博览会上，蒸汽锤不是詹姆斯所获的唯一奖项也就不足为奇了。其中一项关于他的一幅月球表面的绘画的奖项令他特

---

* 1851年英国在伦敦海德公园（Hyde Park）举行了世界上第一次国际工业博览会——万国博览会，正式名称为"万国工业博览会"（Great Exhibition of the Works of Industry of all Nations，通常简称为 Great Exhibition）。博览会上最令人瞩目的就是英国为此次博览会建造的展馆水晶宫（Crystal Palace）本身，它由英国的约瑟夫·帕克斯顿（Joseph Paxton）设计，建筑通体只采用了钢铁、玻璃、木材三种材料。1936年失火焚毁。——编者注

再造世界｜工程师的冒险

别高兴。天文学是内史密斯众多爱好中的一个，亲王在水晶宫看到他的这幅画之后，十分欣赏，于是安排詹姆斯在万国博览会后，在维多利亚女王（Queen Victoria）巡游曼彻斯特时，向她展示他的天文画作。

就在蒸汽锤和他的其他兴趣吸引人们来参观时，詹姆斯自己的地位和天生的好奇心也让他多次到海外探访。万国博览会将各个国家的工业产品聚集到伦敦供所有人参观，而在那之前，人们只能跑到各国的各个工厂去参观新奇精妙的发明。举办世博会这样的做法直到19世纪才开始实行。

根据尤金·弗格森（Eugene Ferguson）所说，"16、17世纪的学术潮流鼓励大家对机械进行可视化、非文字的研究。一些人文学者预见了古典学习方式的终结，因为古老教科书里的争论向人们的头脑里塞满了冗长的公式，却没有什么实质的内容"。1580年，一位著名的法国陶工贝尔纳·帕利西（Bernard Palissy）鼓励学者们来到他的工作室，亲眼看一看"很多哲学家的理论，甚至是最悠久、最著名的那些，在许多方面都是错的"。在1638年出版的《关于两门新科学的对话》（*Dialogues Concerning Two New Sciences*）中，伽利略（Galileo Galilei）鼓励大家参观文艺复兴时的工作室，去观察"第一等的人们"的作品，去理解那些最初"在所有人看来都是十分杰出的思想"的指导下形成的设计也是会失败的。1669年以前，艾萨克·牛顿（Isaac Newton）向一个年轻的朋友建议，在接下来去欧洲大陆的旅行中，为了自己的最大利益，要去观察"贸易和艺术"、"船只导引的机制和方式"和"采矿和从矿石中提取精炼金属的环境条件"。

在17世纪50年代，英国日记作家约翰·伊夫林（John Evelyn）、政治经济学家威廉·佩蒂（William Petty）和其他人开始一起编写《实用和机械艺术史》（"A History of Arts Illiberal and Mechanical"）。他们很快就意识到必须有配图，用佩蒂的话来说，"只有文字是不够的，所有的仪器和工具都需要配图上色，没有这些，描述性的文字就很难让人理解"。伦敦皇家学会（Royal Society of London）的一位学者甚至认为贸易的历史可以产生更伟大的发明，这是工匠无法做到的。在一份预言现代科学家和工程师终会分离的声明中，他声称："比起冷静、难懂而桎梏重重的机械师们的头脑，一个伟大而自由的灵魂更可能生产出伟大的作品。"

1675 年以前，类似的工作在法国也有推进，但是进展很缓慢，直到1704 年才有人开始进行相关的写作。当德尼·狄德罗（Denis Diderot）开始计划编写《科学、美术与工艺百科全书》（L'encyclopedie）时，他借鉴了之前英国人的工作，包括150 幅准备好的图片和版画。出版成书的《科学、美术与工艺百科全书》包含了接近 3000 页整面的版画，据估计，其中有大概一半的插画配有直接描述工艺和贸易的相关文字来帮助读者理解。狄德罗的最终目标是要编写一系列有关艺术和工艺的插图作品，"这将促使艺术家去阅读，推动哲学家去做实用的思考，以及让当权者有效地行使他们的职权"。

正是由于人们逐渐认识到艺术和工艺对文明和文化的价值，在 18 世纪，现代工程学才开始坚定地发展起来。随着工业革命的兴起，技术发展的速度开始远快于任何一种百科全书的更新速度，不管它们是否配有插图。但是旅行仍然是不可替代的。不仅画家们会带着充满回忆画面的草稿本从旅行中归来，以詹姆斯为代表的新兴土木和机械工程师们也可以在旅行中收获新机械和结构的草图。

再造世界 | 工程师的冒险

詹姆斯旅行的范围很广，而且总会随身带着他的草稿本，即便当时摄影技术的出现已经威胁到人们用笔描绘自己亲眼看到的事物这一习惯。在斯堪的纳维亚（Scandinavia），因为不会当地语言，他就用"世界通用的绘画语言"画出自己想要的食物和饮料。有的时候，旅行更多是出于商业目的，而不是为了研究学习。例如在 1842 年，他去往纽伦堡（Nuremberg），和纽伦堡—慕尼黑铁路（Nuremberg & Munich Railroad）的负责人商讨这条线路所需的机车。他和他的伙伴亲自到了那里，因为这次的交易"规模很大而且十分重要"，用詹姆斯的话说，"我们觉得最好不要依靠通信来沟通"。铁路公司提出的合同里对许多重要内容做了修改，而从桌子上散布的机械图纸，以及讨论过程中临时绘制的草图来看，毫无疑问，詹姆斯和他的伙伴拒绝了这次的订单。

　　不过纽伦堡之旅也还算有些乐趣。詹姆斯很喜欢这座中世纪风格的城市，尤其钟情于这里的建筑和防御工事，却也对这里发生的变化和因为"进步"带来的影响而感到遗憾。然而，发展和变迁并没有影响到詹姆斯认为最独特的一处地方：

　　　　我参观了最伟大的画家之一，阿尔布雷希特·丢勒（Albrecht Dürer）的故居。他是一位全方面的天才——画家、雕塑家、雕刻家、数学家、工程师。他之于德国就如同莱昂纳多·达·芬奇（Leonardo da Vinci）之于意大利。

　　奇怪的是，詹姆斯没有提到丢勒对于严谨的机械制图所做出的贡献，那可是在他自己的那个时代人人信奉的准则。他也没有提到纽伦堡对于最重要的制图和绘图工具——铅笔的重要意义。在所有回忆纽伦堡的文字中，詹姆斯明显没有注意到，1842 年他在纽伦堡时，辉柏嘉公司*（Faber-Castell）正经营着世界上最大的铅笔制造业务，并且正在扩大其海外市场。内史密斯如此依赖绘图，以至于他将其称为"工程师的基本功"。对他来说，幸亏有这普普通通的铅笔，它为工程中的思考和交流提供了工具，但詹姆斯似乎从没有对铅笔本身产生兴趣。可以说，这是工程师和他们所用的工具都拥有的平凡的命运。尽管文明亏欠工程学良多，但即使工程师自己也可能会忘记欣赏它，以及它背后妙不可言的历史。

---

* 辉柏嘉公司于 1761 年在德国创办，是世界著名的书写工具制造商。1761 年生产出世界上第一支铅笔。——编者注

5

信封的背面

科学家们喜欢重复艾萨克·牛顿曾经用来表达他受到勒内·笛卡儿（René Descartes）和此前其他思想家的启发的那个令人熟悉的比喻："如果我看得更远——那是因为我站在巨人们的肩膀上。"仿佛是为了自证一般，这个比喻并非牛顿的原创。罗伯特·伯顿（Robert Burton）是一名英国牧师，著有《忧郁的解剖》（*Anatomy of Melancholy*），在牛顿生前就已经去世，他曾经写道："站在巨人肩膀上的矮人可能比巨人自己看得更远。"伯顿也承认，早在1600多年前，在唯一一部回避了神的干预的长篇拉丁史诗《内战》（*Civil War*）中，卢坎（Lucan）就写过："被放在巨人肩膀上的小矮人比巨人们自己看到的更多。"

科学理念和文学隐喻一样，绝少为一人所独创，这正是牛顿在给罗伯特·胡克（Robert Hooke）的信中写下这句名言时所要表达的。工程学理念和设计也是如此。从历史层面来说，它们诞生于工匠们口口相传的知识，其中包含了大量粗糙经验的产物，早期工程师的笔记本中绘制的大量设备和结构的图片也是来源之一。虽然机械制图以及近来计算机辅助绘图技术已经出现，但富有创造力的工程师仍然要感谢早期的工程师，因为正是他们留给我们的那些精巧的工艺、机械和设计，构成了现在与未来我们得以理解和使用的工程学知识的基础。出于这个原因，便携计算器一开始被命名为电子计算尺，"铅笔"（pencil）一词由画笔而来，而"纸"（paper）这一名词则来源于被它取代了的纸莎草。工程学就是事物的重新规划组合。

但是所有的工程学都源自富有创造性的设计，且总是需要计算，在这当中科学巨人们的智慧也仅仅构成了等式的一部分而已。从这一方面来说，无论有没有纸笔，工程师的头脑都可以创造奇迹，甚至有时只在分秒之间就可以实现。19 世纪桥梁建设行业有一起辛酸的逸事阐释了这个观点，这起事件发生在圣路易斯市（St. Louis）的密西西比河上第一座桥梁建造之时。这项工程不仅在美国经济史上因连接了伊利诺伊州（Illinois）南部和密苏里州（Missouri）的铁路而闻名，而且也被载入了土木工程学史册，因为在 1873 年大桥三拱中的第一拱即将完工时，人们却发现起初一处小小的计算错误已经变得难以忽视。

桥梁的整体结构分为不同的部分，最终逐渐向中间拼接而成。半成品的钢结构桥拱全靠高处吊下的绳索支撑。但是到了最终要往空隙中降下桥拱的最后一块时，却发现大小并不合适。因为夏季烈日的温度使得这块 500 英尺的金属膨胀了，空隙的宽度显得比计算的结果要窄得多。用冰对钢铁进行降温并没有使其长度有效地缩短，而等待天气凉下来更不可能。人们只好收紧已经组装完成的构件之间的节点，并拉紧支撑悬臂拱的钢索。最终中间的空隙变得足够宽，总工程师詹姆斯·布坎南·伊兹为特殊工况设计的最后一个构件才得以安装到位。1873 年 9 月 17 日，在 65 小时连续不断地赶工之后，这项工程终于在合同期满前两天得以完工。

一位名叫西奥多·库珀（Theodore Cooper）的年轻助理工程师负责了这一令人惊心动魄的工作。最终完工后，他向伊兹汇报说，他和工人们都已经太困了，以至于他一直担心会有人从桥上掉下去。由于安全网在 19 世纪尚未被应用于工程建设，从桥上失足坠落可能是致命的。库珀知道这种情况有多么常见，他自己就刚刚经历过一次并幸存了下来。这起事故也成就了历史上最具戏剧性的一次快速计算。亨利·比林斯（Henry Billings）在他的《桥梁》（*Bridges*）一书中回忆道：

> 没有人比库珀更知道从桥上坠入密西西比河意味着什么。就在几个月前，他站在一块松动的木板上，从距离水面 90 英尺的地方失足落下。据报道，在下坠期间他飞速地计算着自己撞击水面时可能产生的作用力，并在同一时间镇定自若地将身体卷成了球形。那是一次高度极高的坠落，但是当他浮出水面时，竟然还能奋力游向前来营救他的小船。当他被拉上船时，他发现自己手里还紧紧握着一支铅笔……

我们可以猜想，库珀在短短两秒半的坠落过程中做了两件事：首先，他估算了坠落速度，在他撞击水面时大概会达到 50 英里每小时，以及水面可能会对他造成的冲击力，他必须从心理上和生理上都为此做好准备。其次，他为自己设计出了一套体态，以保证在冲击力的作用下身体只会受到最小程度的伤害。他快速思考自己应该采用何种身体姿态下坠，才不会因为速度过快而在撞击水面前就死于心脏病，并最终决定将身体卷成球形。这正是工程师在实践中一直在做的两件事。当像库珀所经历的这类危机情况出现时，工程师可以快速且近乎直觉性地做出这样的设计和计算，但在通常情况下，这些需要经过深思熟虑和准确的测定才能完成。不过，在所有情况下，对计算方式方法的选择都是基于经验——以前多次做过的类似计算以及借助他人计算结果来见远见深的经验。无论是站在巨人的脊背上还是肩膀上，在失足坠落时头脑中的构思，在书桌前用纸笔写下的设计，或者是在悬崖边俯视着营建新桥梁的地点，站在潜在客户身边做出口头上的设想，所有这些都被称为"信封背面"（back of the envelope）的设计或计算。

　　"信封背面"这一表达的来源已经说不清了，不过它很有可能源自这样的事实：至少在工程师无论是去工地还是在办公室里都穿西服的年代，信封是最容易放进口袋的。或许这信封里还放着市政府的信件，内容正是邀请这位工程师去看看那片当地商人希望能够在上面建起桥梁的峡谷。站在当地官员和热心人士的身边，从山崖上俯瞰建筑工地时，这位工程师可能要谈论一下建筑桥梁的几种可行方案，比较它们的优势和劣势。当最终被问到他所认为的最佳方案是什么时，这位工程师或许会摸摸大衣想要拿出一支铅笔和能够在上面写写画画的什么东西，而那份将他召唤到这座城镇的信封的背面就可以被当作一张空白的速写纸，毕竟说再多的专业术语也不及一张图来得直观。

　　对于这一说法来源的另一种解释，则与投标时提交的密封信有关。当评选委员会并不一定选择报价最低的方案，或者当投标者提供了截然不同的竞标方案时，人们就不得不进行相应的判断，在较为出众的几个方案之中抉择。竞标方案已经摊开，人们通常就会在装着不同方案的信封背面进行一些速算或信息核实，再挑选出其中的一份。

在英国，人们会听到"烟盒背面"（back of the cigarette box）这样的说法。原因在于，与美国随处可见的玻璃纸材质的软包装不同，英国与欧陆的吸烟者使用的是硬质包装盒，他们习惯将包装盒放在夹克口袋里随身携带，当硬质包装盒被拆开以后，空白的纸面和硬板材质提供了写字画画的空间。这种烟盒本身就是一个小型可携带的绘图板。

不论人们到底是在信封背面还是其他什么地方计算或绘画，"信封背面"这一说法都已经被用来指代一切快速完成的设计，通常是早期阶段的设计，甚至只是概念的呈现。在《工程师的艺术》（*The Art of the Engineer*）一书中，肯·贝恩斯（Ken Baynes）和弗朗西斯·皮尤（Francis Pugh）试图对各种各样的工程绘图进行分类。他们认为：

> 设计师的绘画……与发展阶段有关，而工程师则会考虑众多替代方案并提出大体方案。这些方案在年长的工程师们的笔记本里经常能够找到，而且通常带有明显的个人风格。人们所称的"在信封背面的设计"通常就是指这种类型的绘画。这类绘画的特征在于设计者会特意将当时还没有考虑的部分做模糊化的处理，被强调的通常是设计中那些特别困难或具有新意的方面。

因此，约瑟夫·帕克斯顿在吸墨纸上设计的水晶宫的手稿和詹姆斯·内史密斯做的蒸汽锤的计划书，都可以被称为"信封背面"的草图。在这两个 19 世纪的案例中，"信封背面"的设计体现出的整体概念在建筑物最终完成后也得到了很高程度的保留。不过这也不足为奇，因为最初的概念设计正是具体设计计算细节的基础。

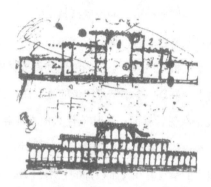

约瑟夫·帕克斯顿的手稿，水晶宫的诞生

在 20 世纪 80 年代中期的英国，钢终于逐渐成为一种受欢迎的建筑材料，而长期支配着建筑业的混凝土逐渐不再是那些绘制结构草图的工程师心中的首选。伦敦本地的《土木工程》（*Civil Engineering*）杂志当时这样表述：

> 就在上个十年的尾声，当时英国建筑钢结构协会（British Constructional Steelwork Association）的主席公开表示，使用钢材的困难在于，当咨询顾问与客户见面时绘制在香烟盒背面的第一版设计就是混凝土设计。

因此，虽然结构设计最初只是象征性地用混凝土来表示，但最终实际工程往往由此就采用了使用混凝土的设计方案。

香烟盒或信封背面的第一版设计并不一定是不重要的。事实上，对于有经验的工程师来说，第一版设计的成功来自多方面的综合考量，包括多年以来直接和间接经验的结晶，以及深思熟虑并飞快地从脑海中闪过的许多替代方案，正如同坠向密西西比河的西奥多·库珀脑海中飞速浮现的保护自己的身体形态。然而，有时设计需要经历数年的思考和改进，19 世纪美国发明家约翰·史蒂文斯（John Stevens）想出的蒸汽轮船引擎改进方法就是这样。根据奥利弗·艾伦（Oliver Allen）的叙述：

> 故事是这样的：某一天早晨，他从睡梦中醒来，想到了偏心环和连杆装置的新设计，手边却没有铅笔和纸，于是便用手指在熟睡的妻子的肩胛骨上画起了草图。
>
> "你知道我在画什么吗？"他对着惊醒过来的妻子问道。
>
> "知道，史蒂文斯先生，"她回答说，"你画的是一个傻瓜。"

但工程师并不认为自己的设计是愚蠢的，不管是画在配偶的背上还是画在信封的背面。小心谨慎的工程师还会通过快速粗略的计算来丰富他们的第一份设计稿。这些也算"信封背面"的工作，它们也是库珀在扎进水中之前唯一有时间完成的工作。

信封背面的计算可以在一份初稿变成现实之前，揭示一份设计的合理与荒谬之处。举例来说，一个人可以在香烟盒的背面给一座跨越英国和法国的单跨悬索桥绘制设计图，但是在同一个盒子上进行的快速计算就会显示出，但凡是用任何合理的材料制作的悬索，都会由于自重过大而无法支撑，更不用说桥面的重量了。还有，即使用来制作悬索的材料足够坚固，桥塔也会由于过高而显得难看，而且花费过于昂贵。有一些计算对于工程师来说实在过于简单，甚至不需要用到铅笔和纸。这也就是为什么让他们心存疑虑的草图极少会被认真绘制出来。而且，几个世纪以来，横跨英吉利海峡（English Channel）的严肃的设计要么是多跨桥，要么就是隧道。

计算机的使用没有削减信封背面的计算的价值。马里奥·萨尔瓦多里（Mario Salvadori）创建了自己的咨询公司，并且坚信"经过分析最终会发现，所有的结构失效都是由人类的错误导致的"。

> 当我手下的工程师带着成千上万个与某栋高楼有关的数字找到我时，我知道有一个数字可以告诉我许多东西——那就是大楼的楼顶在风中会产生多大的晃动。如果计算机告诉我是 7 英寸，而我在信封背面花 30 秒时间写下的公式告诉我是 6 或 8 英寸，那么没有问题。但是如果我的公式告诉我是 2 英寸，我就知道计算机的结果其实是错误的。

很多原因都会导致计算机的计算结果出现错误，有时候是一些很细微的原因。数年前，一套强大的雷达系统被投入使用，用于监视空中敌方的导弹。这个复杂的系统包含了一台电子计算机，它能够自动报告任何可能威胁国家安全的不明物体的轨道。在它刚刚投入使用的早期，一天晚上，电脑发出了紧急信号——从敌军领地发出了不明物体！幸运的是，计算机所报告的"导弹"前进速度太慢，没有必要立刻采取反击措施。实际上，由于这一物体前进速度缓慢，值班的人没有一个能说得出它是如何保持飞行的。当人们疑惑地看向窗外，却在计算机报告的"导弹"所处位置看到了一轮满月。信封背面的计算揭露出了真相：在第 1 束雷达脉冲到达月球表面并被反射回来的这段时间里，又有 72 束新的脉冲被发射了出去。因此，计算机计算了第 1 束脉冲返回的时间和第 73 束脉冲发出的时间，所以声称在月地之间距离的 1/73 处有一颗洲际导弹。人们明白原因后，程序中的问题很快就被纠正了。

另一个故事发生在最近，是关于 1984 年夏季奥运会所使用的计算机邮件系统的。这一发明的成功与否取决于计算机能否快速地处理邮件。依据贝尔实验室（Bell Laboratories）的琼·本特利（Jon Bentley）的说法，程序员们最初设计出来的系统只在每分钟有 120 秒的情况下才能正常工作，因为邮件的信息流量是系统最大处理能力的两倍。设计公司依靠一位负责人信封背面的计算才发现问题并挽回了颜面。

如今，许多计算机程序被用于预测经济和天气，而众所周知，它们的预测结果往往差强人意。一些经济学家曾经公开表示，计算机预测比不上经济学家们最合理的判断，这通常只是信封背面计算的另一种说法罢了。而且我们也知道，有时候我们看一眼窗外就能准确地预测天气，并不逊色于电视上的气象预报人员。我们还知道，计算机导致的股票市场的下跌速度远比纽约证券交易所（New York Stock Exchange）曾经每年消耗 100 万支铅笔的交易员们所造成的下跌速度还要快。

尽管工程师的第一版设计稿可能充满个人的豪情壮志，但是要想将其变成现实，却需要一整个由审慎的计算人员组成的计算团队。信封背面的一张草图会变成几车厢的计划、规范和环境影响报告书，而有关核能电站的项目设计，还会伴随着数年的听证会、辩论和审议。第一份设计或许是工程师非常优雅并且极具个性的成果，但是只有经过许多设计师、经销商、分析师、制造商、建筑商、监察员以及许多其他的专家、专员辛苦努力才能共同且安全地实现工程师的设计。

　　在工程学中，"矮人"与"巨人"之间的区别大概没有科学隐喻所说的那么复杂，而且人们整体的成就一定是比个人能力能够实现的要大得多的。尤其是像桥梁之类的大型建筑，如果在规划和执行过程中有任何对于细节的疏漏，都可能造成巨大的伤亡。因此这样的结构最终不仅要经受工程师头脑或计算机处理器的测试，还要在实际场地进行测试。而即使如此，在试验过程中，工程师也都要一手拿着铅笔，一手从口袋或包里寻找信封或烟盒。

6

成功的设计与失败的噩梦

信封背面的一张铅笔草图或许可以捕捉到一个崭新的工程设计的神韵，但创意上的灵光一现却往往不足以签订一份合同或造出成品。相反，一位工程师的初步设计，通常带来的是讨论、谈判、妥协，并在所有这些过程中，产生更多的绘图。初始草图之后的首份图纸更加去个性化，偏向于在一个更广阔的背景下展现这个方案，这是一封商业信函的背面甚至里面都不能容纳的。正因为它们将会成为工程师之间交流的基础，并且有可能引发关于一个项目优劣之处的争辩，所以这些图纸的绘制都是基于制图的普遍规则和工程专业的传统的。尽管如此，对于一个深知优秀的绘图与细致的计算意味着成功的工程师而言，这些规则并不能减轻他身上可能存在的巨大的情绪负担。

詹姆斯·戈登（James Gordon）是英国的一位工程师，在人造与天然的材料和结构方面著述颇多，他曾经讲述过为了做好一份设计而长期"修改我们的草图"是一个怎样的过程。他还在自己的书《结构：建筑何以屹立不倒》（*Structures: Or, Why Things Don't Fall Down*）的附录中就这一过程不那么个性化的方面做出评论：

> 当整份（设计）全部完成时，"恰当的"图纸必须让这件东西能够被制造出来。当各个部件都必须通过常规工序来生产，且操作复杂，需要应用于复杂而专业的作品时，正式的工程制图是非常必要的。根据我的经验，对于一切天生具有商业性和潜在危险性的东西来说，如果一个公司在法庭上能够提供的图纸仅仅是信封背面的一张潦草涂鸦，是会让自己极度蒙羞的。

在现代惯例中，工程制图的进展紧随着工程设计自身的进展。"设计"（design）一词被用于形容个人将想法潦草地涂鸦于信封背面这样的构思行为的同时，它也被用于表示为了便于在正式图纸上给出具体的尺寸和生产指导，使第一幅草图更加充实、具体，从而能进行细节性计算的这一漫长而又需要协作的过程。

当然，在得到一个大概的，甚至可能是几个不同的轮廓之后，设计师仍然有相当可观的工作要做。由于这一阶段主要涵盖的是创造性的选择而不是分析性的推演，因此设计过程的初期伴随着大量的草图与绘图。弗瑞兹·莱昂哈特（Fritz Leonhardt）在关于桥梁设计的文章中写道：

> 如果草图上展示的小尺寸的桥梁……看上去令人满意，那么它的横截面将会用更大的尺寸来绘制……为了给横梁选择合适的形状……

　　　　　　　　再造世界｜工程师的冒险

需要绘制好几个解决方案……

从现在开始，设计师应该用这些初步的成果将自己封闭起来，反复谋划它们，彻底考量自己的构思，并闭上眼睛集中注意力……然后他就可以开始再一次的绘图了……

对于更大的桥梁，设计师需要仔细考察一到两个方案，尝试其他的跨距和结构系统，并进行比较……

经历这样几个矫误的过程之后，被选定方案的修订图纸就可以开始进行绘制了。

尽管思考设计的过程在每个工程师那里都不尽相同，但莱昂哈特描述的这一艰苦的推进过程仍具有一定的代表性。设计和建造金门大桥（Golden Gate Bridge）的过程就是对这一人类史和机械史上的巨大困难的夸张展现。在20世纪早期，旧金山很有影响力的市政工程师迈克尔·奥肖内西（Michael O' Shaughnessy）经常梦见在通往大海的金门海峡上有一座桥，他常常和在市政工作中遇到的桥梁工程师畅谈这一想法。其中一位工程师就是约瑟夫·施特劳斯（Joseph Strauss），他在芝加哥成功领导着一家企业，拥有建造小跨度的造型美观的开合桥，或称自平衡吊桥的专利。1916年，当施特劳斯在洛杉矶建桥时，他和奥肖内西相遇了。

尽管奥肖内西已经参与过很多次关于金门大桥的设计初稿的讨论，但这些工程报价都高得惊人——差不多要2.51亿美元——并且还有许多限制条件。但是施特劳斯想要成为被人铭记的伟大桥梁工程师的志向给予了他充分的自信，他相信自己能克服技术、政治和经济上的障碍，在世界最雄伟的景观之一上建成世界上最长的大桥。因此，施特劳斯提出了一个并不雅观，甚至可以说是丑陋的提案——建造一座组合悬臂悬索桥，并表示他可以用少于 2500 万美元的诱人价格将其建造完成。

要让这张丑小鸭一样的草图化身为天鹅需要花费几年的时间。与此同时，施特劳斯几乎仅凭一人之力领导金门大桥和公路区的建设，通过发行债券为项目的融资提供支持，并说服战争部门，即使这座大桥直接坠入海峡，也不会妨碍海军船只，并且他还回应了环保主义者及地质学家们的质疑。结果，大萧条导致必须采取一切可能的措施削减花销。因此，施特劳斯所组建的这个富有经验和良好判断力的工程师委员会，选择了取消最初规划的铁轨，建设全悬索桥。这个委员会包括莱昂·莫伊塞夫（Leon Moisseiff）——曼哈顿大桥（Manhattan Bridge）的设计师，也是金门大桥最终所采纳的设计的主要负责人；奥斯曼·安曼（Othmar Ammann）——当时正在纽约和新泽西州之间修建的乔治·华盛顿大桥（George Washington Bridge）的主设计师。具体的设计计算由查尔斯·埃利斯（Charles Ellis）负责，1922 年施特劳斯从伊利诺伊大学（University of Illinois）结构与桥梁工程学的教授岗位上把他"哄骗"了过来。

在 20 世纪早期，许多工程师所接受的教育都包含实地到岗的培训。尽管埃利斯并没有工程学学位——1900 年他在卫斯理大学（Wesleyan University）取得了数学和希腊语学位，但他对于数学知识的掌握使他早期得以在美国桥梁公司（American Bridge Company）担任应力分析员，并获得了相关经验。之后他在结构工程学领域做出了开拓性的工作，并写成了《框架结构理论要点》（*Essentials in the Theory of Framed Structures*），这本书后来成为这一学科的标准教科书。于是，当工程委员会终于决定了金门大桥的整体结构特点后，查尔斯·埃利斯自然就成了绘制设计图的人选，这样一来，绘制施工图的问题也解决了。他后来回忆道："所有需要经验和良好判断力的问题都已经解决，剩下的就只有结构设计了。此时，施特劳斯先生给了我一些铅笔和一叠纸，告诉我要开始工作了。"

为一份工程设计增添细节绝非无关紧要的苦差事。举例来说，一根简单的梁，其尺寸必须足以支持它自身的重量和需要承受的荷载，还要留下一些承力空间。但是一根梁的重量取决于它的大小，而它的大小又取决于它预期的重量和必须承受的荷载。在建造悬索桥时，悬索的尺寸由它的跨度和所要支撑的桥面有多重决定，而如何控制沉重但可变的路面荷载使悬索发生的形变，对于设计师而言又是一个核心问题。因此，无论此前接受的是什么专业的教育，工程师都要竭力处理许多互相关联的决定和计算，埃利斯在芝加哥是这样做的，莱昂·莫伊塞夫在纽约也是这样独自处理的。在统一的工程学框架下工作使得他们可以互相比较笔记的内容并且互相检查，从而找出自己在思考或计算中可能犯下的错误。

工程师团队对各个部分进行具体计算，但是埃利斯和莫伊塞夫要检查所有的结果。通过对其他人数月以来的信封背面的计算工作进行验算，这些有经验的高级工程师能够快速地发现严重的错误。有一次，一位年轻工程师来提交他三个月以来关于桥塔部分的计算结果，埃利斯在写给莫伊塞夫的信中写道："你我在十秒之内就能确定计算结果存在很大的错误。"这当然也就意味着要重新进行计算，毫无疑问，这样的拖延会给工程师造成巨大的压力。不过，正如约翰·范德泽（John van der Zee）在他所写的

《金门》(*The Gate*)中提到的，在面对与埃利斯和莫伊塞夫类似的情况时，相较于自己从头做起，纠正别人犯的计算错误或者强化不足的构思更能避免过多地消耗时间：

> 在面临截止日期的压力时，他们可能会患上对自己有利的白纸综合征。大多数人在面对创造性或设计性的问题时，会出现从生理上无法做到用笔写出解决方案的情况。纸上的空白显得十分令人恐惧。而同样是这些人，一旦一个想法由别人想到并付诸笔墨，突然就感到获得了解放。他们拿起钢笔或铅笔检验草图，之前被堵塞的意识立刻涌出，充满了能够稍做改进的地方，以及增加、修改、美化、转变和拯救原本想法的方法。他们突然变得能言善辩起来了。

但是，施特劳斯对于夸夸其谈的工程设计并不感兴趣，他设计的大桥毫无美感可言，早已被人遗忘，而且桥梁建造又面临着政治和经济上的困难。当最终的设计工作由于桥塔的计算失误面临延期时，施特劳斯和埃利斯之间的关系变得紧张起来，后者被要求进行"无限期的无薪休假"。尽管如此，有一段时间埃利斯依然和莫伊塞夫保持着很密切的联系，他甚至生出了希望，希望能够停止"休假"而被召回去。他对于桥梁设计的兴趣从来没有消退过，至少根据范德泽或许有些浪漫化的记述：

> 身背巨大的时间压力，埃利斯用工作原则支撑着自己。在家里，他独自一人拿着绘图纸和工程铅笔，一次又一头扎进桥塔的计算工作

中，好几个星期、好几个月都沉浸在修修改改的甜蜜痛苦中。

埃利斯从没有被召回过。尽管他曾一度作为"设计工程师"在桥梁所在地区的信纸抬头上被直接列在咨询工程师之列，居于总工程师施特劳斯之下。直到 1929 年为止，信纸上都还印有施特劳斯那份粗简的设计。但在最后，埃利斯的名字并没有被提到。后来，公众从 1934 年莫伊塞夫的演讲中，才了解到这座优雅的桥塔是埃利斯的设计。如果是一位较差的工程师，恐怕就会用到太多的交叉支撑结构，毁掉这个设计。然而，一直到金门大桥建成 50 周年的纪念日，范德泽在面向公众的演讲中尖锐直率的发言才恢复了埃利斯杰出的声名。

查尔斯·埃利斯被约瑟夫·施特劳斯误解的故事，是大桥工程历史上悲伤的一章，但它凸显了一位工程师在他的工作中所投注的全部情感。不仅要设计桥塔，还要把它设计得既坚固又美观——在这一工程学的难题面前，作为实业家的施特劳斯和作为工程师的埃利斯之间的不同体现了出来。前者希望成为世界上最伟大的桥梁建筑者，为世人所知；而后者总会在噩梦中梦到建筑的强度、安全和魂灵。

埃利斯和施特劳斯之间这种谦虚和傲慢的冲突，至少自公元前 18 世纪，《汉穆拉比法典》（Code of Hammurabi）规定任何倒塌并且造成屋主死亡的房屋建造者都必须被处死以来，已经成了工程学中常见的主题。这一职业传统从那个年代发展到现在，工程师的设计和建造不仅是为了保全性命或者永垂不朽，也因为他拥有这一能力和知识。赫伯特·胡佛（Herbert Hoover）是这样在他的回忆录里描述工程师的命运的：

如果他的作品不能成功，他就完蛋了。这正是日夜纠缠困扰他的梦魇。结束了一天的工作，回到家里，他会重新做一遍计算。半夜一身冷汗地惊醒过来，他会在纸上写下一些第二天早上会觉得愚蠢的东西。一整天他都在害怕那些不可避免、总会出现的漏洞会影响最终成果的圆满。

1952 年胡佛写下的具有比喻意味的小虫（bug，即"漏洞"）和计算机工程师以及程序员们今日担心的东西是一样的（尽管故事里的"bug"一词来源于在早年间的计算机里发现的一只真实的蛾子，现在它要么仍保存在美国海军研究实验室（U.S. Naval Research Laboratory）的人造树脂中，要么被封存在哈佛大学收藏的一本日志中）。事实上，"bug"一词对于托马斯·爱迪生来说十分熟悉，他认为电灯的成功正是因为他预期到了种种失败的可能。他在新泽西州门洛帕克（Menlo Park）建了一座砖砌建筑，投入了大量的时间和金钱，为的就是能有一处设备齐全的地方，能够"创造条件专门测试电灯的各个方面，从而在将其展示给公众或者在本国以及欧洲投入销售之前，能够有针对性地做到回应或消除所有的反对意见"。在 1878 年 11 月 13 日写给西奥多·普斯卡斯（Theodore Puskas）——爱迪生的一位海外代理人——的一封信中，他直率地谈论到"bug"在开发过程中出现的惊悚情况：

首先是直觉预感，然后是爆发，接着难题就出现了——"虫子"——那些小错误和小困难——开始出现，这使得在最终取得商业上的成功或失败之前需要几个月紧张的观察、学习和工作。

真正的工程师在设计过程中有焦虑情绪似乎是一种普遍特征，这经常会被工程师身边亲近的观察者或有反思意识的工程师本人记录下来。1929年，差不多就在查尔斯·埃利斯努力处理助手错误的桥塔计算的时候，一本流行杂志中出现了一篇突出无名英雄工程师的铸铁管道的广告。这篇题为《一位注视着未来的工程师》（"The Engineer Looks into the Future"）的广告写道：

> 当时针指向十二点的时候他仍在工作——梦想着他永远也不会活着见到的街道和建筑。他在伟大的土木工程背后辛苦地工作，他是代表舒适和富裕的无名先知，他将为尚未出生的后世子孙的生活赐福。
>
> 然而，这位工程师必须对抗理想主义者的幻想、政客蛊惑民心的话术，以及政治宣传者们的游说。他必须根据今天的事实和数据去检验充满不确定性的明天。他必须将科学的冷酷智慧应用到对每一个方法和材料的选择中。他必须妥善地评判"重大的小事"——那些决定一切的细节，例如，挑选地下输气和供水系统使用的管子这样的细节。

尽管这篇广告可能是为铸铁管道研究协会（Cast Iron Pipe Research Association）服务的，但这并不妨碍它描述的都是事实。人们常说对于工程设计而言，上帝在细节之中，但没有哪个工程师会想依靠祈祷来保证细节的正确性，毕竟它们显然是人类的产物，而不是神的创造。尽管有些工程师会在睡觉前念祷词，但他们绝不会把细节交给神来处理。

当罗伯特·斯蒂芬森（Robert Stephenson）设计布列坦尼亚桥时，他不得不努力权衡关于铁链对支撑巨型锻铁管的必要性的相互矛盾的建议。理论家伊顿·霍奇金森（Eaton Hodgkinson）认为需要锁链，而实验家威廉·费尔贝恩（William Fairbairn）却认为不需要。对于斯蒂芬森来说，是否使用铁链关乎经济、美学和结构的各个方面，这不是一个只在办公室想想就可以解决的问题。后来他向托马斯·古奇（Thomas Gooch）——曾经负责曼彻斯特—利兹铁路（Manchester & Leeds Railway）建设的工程师坦承：

> 那是我极为焦虑和不安的时期。夜晚我经常躺在床上辗转反侧，无法入睡。我脑中全是那些管子，想着它们入睡，又想着它们醒来。在早晨的蒙蒙雾气中我看到门前的空地，离对面的房子似乎有很长的一段距离。那正是和我的桥的跨度差不多的距离啊！

斯特芬森通过建造足够高的桥塔来安装必要的锁链，最终解决了这个难题。但是其他细节仍然让他夜不能寐。终于，第一根管子安装到位了，这是一项十分细致的计划，并且包含令人焦虑的操作，事成之后，据说斯蒂芬森对伊桑巴德·金德姆·布鲁内尔说："现在我终于可以睡个好觉了。"

很多工程师把他们的成功归功于对设计的担忧和由此引发的失眠。19

世纪中叶，大英博物馆的一位图书馆管理员安东尼奥·帕尼齐（Antonio Panizzi）参与了一栋新阅览室的规划和建设，并像他同时代的很多人一样，由此自学成才成为一位工程师。最终，他的草图变成了建造方案，这个拥有巨大穹顶的图书阅览室如今为许多学者和访客所知。据阅览室相关史料记载：

> 帕尼齐曾经提到，在深夜未眠的时候，他都会考虑并决定好这座新建筑里的每一个书架，每一个销钉和枢轴，之后才和其他人进行相关的讨论。

詹姆斯·戈登在写作最近的工程学成就时，也讲到了担忧的好处：

> 当你只有一张施工图时，如果你提议建造的是一栋重要的建筑，那么接下来该做的，也是非常正确和应该的一件事，就是像担心会着火一样担心它。在我关注飞行器开始使用塑料零件这件事时，我常常为它们担忧得整夜睡不着觉。我将这些零件从来没有出任何故障这一事实几乎完全归功于担忧的正面效益。自信导致意外，而担忧会阻止意外。所以，请不止一次两次，而是一遍又一遍地检查计算结果。

这不是一位工程学学者提供的理论建议，而是一位资深飞行器设计工程师从实际出发给出的建议。相似的建议也蕴含在其他发明家和工程师的故事里。奥利弗·埃文斯（Oliver Evans），一位 1791 年出生的美国人，发明了自动碾磨机，与之相关的升降机和螺旋输送机可以大大减少托举、搬运谷物和面粉时所使用的人力。据说他是在自己的脑子里将机器组装到一起的。关于他的设计，埃文斯说道："我曾躺在床上，伴随着巨大的精神压力，想象整个操作过程。"据说，18 世纪的英国运河工程师詹姆斯·布林德利（James Brindley）在面临设计难题的时候，曾经在床上躺了 3 天。当他起身时，没有写任何计划或做任何模型，但已经可以把他脑海中的设计付诸实践了。

19 世纪后半叶，不止一位工程师梦到过机械图纸，当时 J. W. C. 霍尔丹（J. W. C. Haldane）正在担任市政和机械咨询工程师。他在 1905 年出版的《一位工程师的一生》（*Life as an Engineer*）中描述了他"日复一日的工作"的细节。对于带着工作入睡这种情况，他是这样描述的：

> 办公室的工作没有受到外界的压力影响时，工程师能够像凯撒大帝所美慕的那些绅士一样，睡得又香又甜。但是在有些情况下，他需要尽快设计一个本就复杂的物件。没有时间可以浪费，过去经验中积累的所有资源要瞬间被利用起来，帮助他渡过难关。因此，有时候他需要自己绘图以节省时间，不能让助理代劳，所以不可避免地有一些非常精细的工作要做。但是，如果坚持整晚工作，一直到凌晨时分，神经就会变得有些紧张，等到拂晓时，工程师可能会不自觉地带着工作沉沉睡去。这就是我在面临巨大压力时的真实经历。
>
> 举例来说，在抱着休息的目的睡去以后，我经历了一个痛苦的夜

晚，准确来说是一个痛苦的早上。我梦到自己昏昏欲睡地参与了计算和绘图的全过程。最糟糕的是，这些难以驾驭、令人烦躁不安的事情从来不会好起来，无论我做了什么，一切努力都会失败。计算总是会出错，图纸上的颜色也总是填不对，没有一件我能想到的事情是可行的。总是有丢失的需要寻找的东西、错误的东西、无法获得的东西，直到我醒来，才高兴地发现这一切只是一场梦。很多人都有这样的经历，甚至导致过悲剧性的结果。

也就是说，带着问题入睡并不能保证醒来就能想到解决方案。确实有很多悲剧性的意外都是因为一些工程上的细节没有得到妥善的处理，但这些失败是否是由于一些工程师没有为这些细节而失眠，就不好说了。很难想象，有任何一位神志清醒的工程师，无论失眠与否，会希望在任何一个项目的任何一处细节上失败。但是，事故确实会发生。有时候会因为项目看起来很平淡无聊，反而导致可能出现的漏洞都出现了。

1987 年初，康涅狄格州布里奇波特（Bridgeport）的在建住宅楼发生了垮塌事故，事故发生在把事先在平地上浇筑好的混凝土楼板吊装到位这一施工过程中。这一技术被称为预制混凝土板，其流程已经有几个世纪的历史了，并且近期也基本上没有发生过失误。因此，所有与升板操作有关的人都理所当然地认为这只是一个常规的操作，那些在低一点的楼层完成细节工作的工人们也没有被要求远离头顶上吊着的几吨重的混凝土块。结果，某些地方出了问题，整栋楼都倒塌了，致使 28 位建筑工人去世。这起事故自然而然地唤起了很多人的反思，一位咨询工程师强烈建议，与现实的情况相反，负责设计建筑的工程师应该在建筑工地发挥更大的作用：
"我才是那个会永远关心这个建筑的人，那个在设计建筑时经历了许多个
失眠的夜晚的人。这些担心和想法并不能完全在图纸和设计书中反映出
来，它们只展示最终的成果。"

当然，如果工程师们的担忧被忽视，就可能会有问题发生。例如，"挑
战者号"（Challenger）宇宙飞船在寒冷的天气情况下进行发射后失败的情
况。其中一位曾建议推迟发射的工程师表示，他在噩梦中梦到了一些自己
已经无力改变的事情。后来，有很多人说，管理者兼工程师在这次致命
的发射前夜摘下了作为工程师的帽子，戴上了作为管理者的帽子*。有人想
到，既然他们无论如何必须换帽子，如果他们戴上的是思考的帽子**，彻夜
担忧，就像工程师几个世纪以来一直做的那样，事情会不会有不同的结果
呢？不过当然了，他们可能确实那样做了，并且在对技术、管理和政治因
素的考量下仍然做出了决定发射的判断。

不仅从业的工程师学到了用单一身份思考复杂问题的重要性，而且拉
尔夫·沃尔多·爱默生（Ralph Waldo Emerson）在 1844 年的日记以《他
者》（"Otherness"）为题写道：

> 亨利·梭罗（Henry Thoreau）说过，他只知晓一个秘密，那就是
> 一次只做一件事。尽管他会用晚上的时间学习，但如果白天他在发明
> 用来切割石墨的机器，那么整个晚上他都会用来发明转轮。如果这周

---

* 英文中的"帽子"（hat）既可以指帽子，也可以指职位、头衔。——译者注
** 原文为"put on thinking caps"，意为进行思考。——译者注

　　　　　　　　　　　　　再造世界｜工程师的冒险

他读了一些好书，有一些好的想法，他就会手中拿着铅笔，一整天思考这些事情。

　　每一个人，无论是不是工程师，都有过那种被某件事随时随地牵扯着思绪，完全沉浸其中的体验。可能尤其令人安心的是，当设计从信封背面的草图，经历越来越复杂和细节化的计算和制图，演变成现实中如此多人的生命安全都依赖于此的物品时，有这么多的工程师度过了这么多无眠的夜晚。如果工程师确实要睡觉的话，通常也会在附近放上一叠纸和一支铅笔。它们放在那儿用来记录的不是美梦而是噩梦，梦中的场景是醒来以后必须依据现实进行核查和排除的坍塌和爆炸。这是好事情，如果没有这些噩梦，悲剧可能比我们所能想象的还要多得多。

7

失败的承诺

一段时间以来,《机械工程》(*Mechanical Engineering*)上很多鲜艳夺目的页面都是计算机软件广告。然而,最近的广告和早几年的那些有所不同。比如,在1990年,很多软件开发商强调的是软件包的可靠性和使用的便利性,当一家宣称自己的产品拥有"最可靠的方法来完成重任,应对压力和摆脱负担"时,另一家则承诺提供"可信赖的解决方案来应对您的设计挑战"。

最近的广告就更加克制一些,有关软件可以完成工程师的任务——诸如完成重任或承担责任——之类的隐性承诺也减少了。最新的讯息是工程师才是需要承担责任的人。软件包可能可以提供"适合工作的正确工具",但工具是由工程师使用的。一个复杂的系统可能是"您想法的最终试验场",但想法不再属于机器,而是属于工程师。大量的选项可能存在于软件包,但工程师需要进行负责任的选用。这是理所应当的,但是实际情况原本并非如此。而且,这毫无疑问正是使得技术软件的市场营销和潜在的承诺发生这样微妙但不微小的变化的原因。

《土木工程》也刊登软件广告，却并没有那么鲜艳夺目。它们传递的讯息或直接或隐晦，不那么大有希望，却更具描述性。不仅如此，这些广告几乎很少包含一些预装好的通用型软件在应用于具体的工程设计与分析时可能面临的局限、危险或根本性的错误的警告。软件广告隐含的乐观情绪和对软件使用的担忧在类似的工程学杂志中愈演愈烈。

作为《土木工程》杂志和一批广泛探讨计算机及其应用的理论与实践问题的技术期刊与出版物的发行方，美国土木工程师协会在其众多学术委员会中，有一个专门负责"避免因误用土木工程软件而导致失败"的学术委员会。它的上级组织——工程司法鉴定技术委员会（Technical Council on Forensic Engineering），在 1992 年主办的一场年会上赞助了一个有关计算机使用的警示性会议。会议上一位展示者将他的论文命名为《土木工程学中的计算机：一个定时炸弹！》（"Computers in Civil Engineering: A Time Bomb!"）。与此同时，在同一场会议的其他会场，热情洋溢的工程师们正在展示在计算机协助下未来的结构设计与分析。

毫无疑问，在计算机帮助下的设计、制造和工程开发为这个职业和人类都带来了福音。工程师正在尝试完成更复杂、更耗时的分析，这在使用计算尺的时代需要很多步骤（这也为错误留下了空间），也被看作不可能完成的事情。新的硬件和软件使得更多有野心、更庞大的设计得以被实现，其中包括一些有代表性的 20 世纪末戏剧化的结构设计与精巧的机器。例如，今天的汽车拥有更好的防撞性能和乘客保护能力，这都得益于先进的有限元建模技术，它可以把一个像时髦的车身这样的复杂结构分解成更易于处理的元素，就像我们通过大量方方正正的砖块搭建优雅的弧形走道一样。

对于所有因计算机而实现的成就，工程设计协会内部都有与日俱增的担忧，担心使用软件包时可能会遇到大量危险。所有的软件都有一些根本性的假设，也因而产生了根本性的局限，但是这些并不总是凸显在广告中。确实，有一些软件的局限对于销售商和消费者来说一样陌生。也许最具破坏性的局限，就是软件被缺乏经验抑或过度自信的工程师滥用或误用。

要想充分认识到对计算机软件过度依赖可能存在的危险，最万无一失的方法就是一一列举因使用不当或误用软件而导致的结构、机器和系统失败的确凿案例。一起类似的事故发生在 1991 年 8 月的北海，当时挪威一个名为斯莱普纳 A（Sleipner A）的大型石油平台的混凝土地基在与甲板对接前，需要先接受泄漏和机械操作检查测试。

该结构的地基由 24 个钢筋混凝土圆柱形单元组成。其中一些作为钻孔轴，另一些作为原油的储存仓，剩下的作为压载舱在海底支撑起整个平台。在对其中一些压载舱注水时，操作者听到了巨大的撞击声，接着传来剧烈的震动和大量流水的声音。在尝试控制平台进水 8 分钟之后，工作人员放弃了这个平台。在听到第一声撞击的 18 分钟后，斯莱普纳 A 消失在大海上，45 秒后挪威南部记录下了一次里氏 3 级的地震。这次地震就是巨大的钢筋混凝土地基撞击海底造成的。

在对斯莱普纳 A 地基部分的结构设计进行调查后发现，在三个圆柱形壳体连接的地方留下了一个三角形的空隙区域，承受着来自大海的全部压力，这导致混凝土外壁承受的压力差过大。准确地说，这种程度的几何问题，正是计算机辅助分析可以派上用场的地方。但是，前提是建模必须准确。调查者发现，"有限元分析中几个单元的几何形状较为不利……以及之后对分析结果的进一步处理……导致（工程师）对支撑墙体所需剪力的估计偏小了 45%"（无论是否是因为低估了压力，劣质的钢筋都是导致这份设计脆弱的原因之一）。简而言之，无论软件曾经多么安全可靠，对它不正确和不完善的使用都能导致一个不足以承受设计荷载的建筑的出现。

在 1991 年 10 月的事件中，行业期刊《海上工程师》（ *Offshore Engineer* ）报道称，斯莱普纳 A 事件中的错误"应当在工程开始前在内部控制程序中就被发现"。调查者还发现之前的项目经验没有得到足够的重视。特别是早前斯塔菲霍德 A（Statfjord A）平台就在相同的区域出现过裂缝，人们本应该早点关注到这种纰漏。（忽视之前经验的问题也同样出现在致命的"挑战者号"事件中，人们轻视了 O 型密封圈问题的重要性。）

此前应对复杂工程系统的经验并没那么容易写入已经习惯了设计先进结构和机械的通用软件包。在软件投入应用前通常是无从获取这些经验的，人们只有通过测试由这一软件设计出的产品才能获得相关经验。

一个由荷兰海洋研究合作基金会主导的组织曾策划过一系列原尺寸大小的单壳体船同双壳体船的碰撞实验，"以测试（在预期情况下）计算机模型分析和软件的可靠性"。这类极端措施有其必要性，因为软件与计算机模型的制造者与使用者不可忽视确凿的工程经验——现实世界中发生的以及可能会出错的情况。

计算机软件越来越多地被应用于设计及控制大而复杂的系统，在这种情况下，使用者并不一定应为事故担责。而先进的飞行器如 F-22 战斗机，其上装有机载计算机，以防止飞行过程中飞机出现空气动力方面的不稳定情况。1993 年一架 F-22 在一起测试飞行中坠毁后，据《纽约时报》（*New York Times*）的报道，"一位高级空军官员认为这架 F-22 的计算机程序或许并不能处理飞机坠毁前所面临的具体情况"。然而这架飞机当时所做的也只是寻常的飞行测试而已。当飞机在位于跑道上方约 100 英尺时，加力燃烧室被点燃，飞机开始上升——试飞员的正常操作——当时"飞机机头开始猛烈地上下摆动"。《时代周刊》（*Times*）报道称，空军军官表示，"这有可能是一次计算机故障，但我们并不能确定"。

那些最关注软件安全可靠性的人对这类使用"电传系统"的飞行器非常担心。同时他们也对计算机被越来越多地用于控制从电梯到医疗器械等各类事物感到担忧。这一担忧并非认为计算机不应该控制这些东西，而是认为软件的设计和开发必须经过恰当的检查、协调和测试，以确保其稳定可靠和尽量人性化。

20 世纪 80 年代中期，一种高功率医疗器械 Therac-25 在使用过程中接连发生多起事故，这一案例研究越来越为软件工程师们所熟悉。Therac-25 由加拿大原子能有限公司（Atomic Energy of Canada Limited，简称 AECL）设计，可以加速发射能量高达 25MeV 的电子束，摧毁埋藏在生物组织下的肿瘤。通过调整电子束的能量水平，就能在不对周围的健康组织造成严重损伤的情况下，对体内不同深度的肿瘤进行定位。因为高能量电子束携带最大值的辐射剂量进入体内更深的地方，所以能够越过健康的部位。

Therac-25 的前身的能量密度更低，功能也较为单一。20 世纪 70 年代前期刚被设计出来时，为防止患者受到过量辐射，人们设计了各种保护性电路和机械连锁装置来进行监控调整。这些早期的机器后经改制由计算机控制，但电子和机械的安全设备仍保留如初。

计算机控制从一开始就被植入 Therac-25。一些过去依靠硬件的安全装置被置换成了有软件控制的装置。南希·莱韦森（Nancy Leveson）是一位顶尖软件安全及可靠性专家，也是克拉克·特纳（Clark Turner）的学生，他表示"这一方法正变得越来越普遍，也是因为企业或认为硬件的连锁装置和备用件不划算，或比起硬件更加（或许是错误地）信任软件的可靠性"。更何况，在仍配有硬件的情况下，它们会经常受到软件的控制。莱韦森和特纳对 Therac-25 的案例进行了扩展研究，回顾该设备从佐治亚州的玛丽埃塔（Marietta，Georgia）开始发生事故的历史。

1985 年 6 月，在肯尼斯通地区肿瘤学中心（Kennestone Regional Oncology Center），Therac-25 被用于为一位接受过乳房肿瘤切除手术的女性提供后续的放射治疗。当她报告称自己被烧伤时，技术人员告诉她这台机器是不可能发生这样的事情的，然后她就被送回了家。仅仅几周之后，就有确凿的证据显示这位患者遭受了严重的辐射烧伤。随后的评估表明她可能受到了超过预期辐射剂量两个数量级的辐射。这名女性失去了乳房，再也无法使用肩膀和胳膊，并经受了剧烈的疼痛。

佐治亚州这起事件发生三周后，安大略癌症基金会（Ontario Cancer Foundation）另一位患宫颈癌的女性也表示在接受 Therac-25 的治疗时有烧灼感。不出四个月，她便死于过量辐射。在另外四起辐射过量案例中，有三起导致患者死亡。有两起出现在华盛顿的亚基马谷纪念医院（Yakima Valley Memorial Hospital），分别发生于 1985 年和 1987 年。另两起于 1986 年 3 月和 4 月发生在泰勒市的东得州癌症中心（East Texas Cancer Center）。后面这些事件成为史蒂文·凯西（Steven Casey）所写的有关设计、科技和人类错误的恐怖故事集《毫厘之失》（*Set Phasers on Stun*）的故事。

莱韦森和特纳将这六起 Therac-25 事故的细枝末节联系起来，包括较为不引人注目的中间过程，以揭示导致过量放射的最有可能的原因。他们指出，"将一起意外总结为人类失误的结果并不那么有帮助和有意义"，他们对控制机器的软件问题进行了全方位的分析。

按照莱韦森和特纳的说法，"几乎一切复杂的软件都可能在特定情况下做出怪异的举动"，这似乎就是 Therac-25 发生的事情。尽管他们承认，截止到写作时仍有"一些无法解答的问题"，但莱韦森和特纳用相当多的细节对 Therac-25 事件中的一个共同特征进行了说明。患者指定的治疗参数都在执行前通过计算机键盘输入并显示在屏幕上。有两种基本的治疗模式，X 光（使用机器的全部 25 兆电子伏 *）和较低能量级的电子束。输入"x"指定为第一种，输入"e"则指定为后者。

偶尔，而且显然至少在一些事故中，操作员曾错误地在应输入"e"时输入了"x"，但在发射电子束前发现了错误。用"↑"键可以将光标移动到输入错误处，对输入的信息进行编辑，将其改正过来，然后再回到屏幕底部，显示"电子束准备"的信息表明操作员可以输入指令继续调整放

---

* 兆电子伏（MeV）是表示能量的单位，1 兆电子伏约合 1.6×10^{-13} 焦耳。——编者注

射剂量。

不幸的是，在某些情况下由于打字很快的操作员在编辑时太匆忙，因此在开始治疗时并非所有的功能都得到了妥当重置。过量放射会达到什么程度以及是否会致命，取决于安装时的设置，"在连锁装置关闭前的 0.3 秒内，机器发出的脉冲数各不相同，因为在不同的机器上软件调节的初始脉冲重复频率值是非常不同的"。

计算机及其软件异常又古怪，有时全然离奇却始终难测的行为正是刊载于每一期《软件工程记录》（*Software Engineering Notes*）的恐怖故事的共同特征，这一"非正式新闻报道"由美国计算机协会（Association for Computing Machinery，简称 ACM）发布。彼得·诺伊曼（Peter G. Neumann）是协会计算机与公共政策的主管，管理着简报常设部门"计算机及相关系统公众风险研究部"。在这里，投稿者会提交有关计算机各种应用中的失误和小瑕疵，从医疗系统到自动取款机不一而足。诺伊曼同时也为《计算机协会通信》（*Communications of the ACM*）杂志撰写《内部风险》（"Inside Risks"）专栏，讨论在报纸、普通杂志、专业期刊以及电子公告栏上报道的恐怖事件背后所反映的计算机和软件的一些更普遍的问题。

不幸的是，在这些平台上报道的失败案例和故障中，有相当数量的相关软件，其制作者都是匿名的，这些软件可以说是装在黑匣子里，同时也鲜有记录。正如 Therac-25 软件一样，即使是在一起针对加拿大原子能有限公司的诉讼中，相关程序员或团队的信息也没得到公开。工程师和其他使用这些软件的人可能会反思在使用过程中有哪些违背寻常科学实践与工程实践之处。负责任的工程师和科学家在对待新软件时，会像对待一个新的理论一样，带着一种正向的怀疑态度。然而，愈加常见的情况是，即使将最复杂的软件用于解决最复杂的问题时，人们也缺少这种怀疑态度。

没有哪个软件能够被证明其设计和结构是完全没有缺陷的，所以使用这些软件必须谨慎，就像人类生命依赖的其他大型结构、机器或系统一样。尽管软件发行商的声誉和他们的软件包的销售记录可以在一定程度上提供可靠的参考，但好的工程师还是应该对其进行检验。如果黑匣子无法被打开，人们通过测试也可以了解其中的许多秘密，知晓它的运行机制。

对软件进行验证检测的内容不仅要有复杂怪诞的，也要有简单常见的。例如，通过解决一个已知答案的问题，而不是解决一个未知答案的问题，人们可以从一个有限元软件包中了解更多东西。在前者（解决已知答案的问题）的实验中，人们可以推断出黑匣子的限制；而后者（解决未知答案的问题）所得出的结果可能给人启示，但更有可能会令人困扰。最终的分析是要对那些能使最复杂有力的应用可以正确运作的细节给予合理的关注，而这既包括人类设计师头脑中的细节，也包括计算机软件中的细节。

工程和科学的基本活动就是以设计和理论的形式许下承诺，所以仅仅因为计算机软件在广告中承诺成为一个可靠的多功能的解决问题的工具或值得信赖的机械操作系统就抨击它，这并不公平。尽管如此，用户在使用所有的软件时都应谨慎小心，保持合理的怀疑态度，因为科学和工程学的历史，包括还很年轻的软件工程的历史都充斥着失败的承诺。

8

社会背景下的工程

　　近期一项针对杜克大学土木工程专业毕业生的调查显示，在被问到哪一门大学课程在实践中对他们的工作最有用时，相当数量的受访者都提到了在 20 世纪 50 年代开设过的一系列历史课。与材料力学、结构分析、钢结构设计等意料之中的反馈相比，学生们在三四十年后单独选出这些历史课是出人意料的。问卷中既未提醒这些毕业生他们曾经上过什么课，也没有提供可勾选的列表，因此这让人不禁得出结论：至少对于某些同学来说，这些历史课还是给他们留下了清晰而长久的印象。

　　不仅如此，列出这些课程的毕业生不只是像他们列举数学、科学和工程课程时那样一笔带过，相反，他们不约而同地提到"这些历史课是由霍利教授开设的"。小 I. B. 霍利（I. B. Holley, Jr.）教授是一位对科技史有着特殊喜爱的已退休历史学荣誉教授，曾经获得杜克大学杰出教员奖。不得不提的是，那些上过霍利教授课程的毕业生们，也上过其他学识渊博且敬业的工程教授的课，但这些教职员中没有一个人像霍利教授这样，在调查中被如此频繁地提及，即使多年以来他们不断地与更多的学生接触，甚至在专业课程中与学生反复打交道。

　　毫无疑问，工程学的老师们在这次调查中之所以极少被单独提及，至少部分是因为他们通常以一种冷静客观的方式讲课，而鲜少提及建筑工艺的历史背景及其开发人员的生平经历。而且，授课材料通常以与其现实背景割裂的方式被呈现出来。这种讲课方式自有它存在的理由，通常是考虑到需要保证课程覆盖一定量的材料，以使学生能够继续深入学习接下来更多类似的课程。也有人辩称，分析能力的训练本身并不适于采用个性化的教学或主观性的解读。

　　技能型课程的要求使得教师在工程专业的课堂上几乎抽不出时间讲实战故事。然而课程反馈则不止一次地表明，这正是学生们渴望并且真正能铭记的内容。当一门教授振动微分方程的课程开始讲起波士顿的约翰·汉考克大厦（John Hancock Tower）是如何翻新并开始使用调谐质量阻尼器*控制其结构振动的故事时，或是讲起纽约的花旗集团大厦（Citicorp Building）由于风力发生晃动时，是靠着在顶层用弹簧连接的巨大混凝土构件解决这一问题的故事时，学生们才会一反常态，不再机械地抄录黑板上的内容，而是直起身子认真听讲。当播报大桥倒塌的早间新闻代替了断裂力学中抽象的数学问题时，学生们会变得更加投入。同时，他们也更加主动地参与美学的"题外话"，而不是与结构荷载有关的公式的客观推导。

---

* 调谐质量阻尼器（Tuned Mass Damper，简称 TMD）像一个巨大的钟摆，以与大楼相同的频率向相反方向摆动，从而起到平衡作用。最早使用阻尼器的大楼是位于纽约市列克星敦大道的花旗集团大厦。——编者注

学生们认为以现实世界为背景的工程学比学术训练更容易使人记住，这并不会令人惊讶。同样，如果历史只是一系列工程成就的生硬记录，只是发明与创新的演变记录，只是背景板上的事物，那它很难被学生们记住也是意料之中的。但是如果历史能教会人们清楚地认识物与人、结构与环境、制造业与经济、机器与战争、科技与文化、工程学与社会之间的联系呢？霍利教授的课程之所以独树一帜，是因为这样一位伟大的老师将极高的授课标准与现实经验结合起来，将技术和其他思想智识上的努力与这种现实经验生成背后的社会环境和文化环境联系起来。要知道，他也曾是美国空军预备队的一位少将（已退休），并且曾在西点军校教过科技史。

年轻的工程师很快就会了解到，工程几乎同社会的所有其他方面息息相关。所有的工程学问题都包含着文化、社会、法律、经济、环境、美学或伦理学的因素。在课堂之外，若只把工程学问题当作技术问题来处理，必将遭受许多挫折。如果一位工程师在求学时就能敏锐地感知科技自身更广泛的本质和含义，那么他在事业刚起步时就拥有了成熟的认知与视野，而这正是许多工程师经历许多挫折才获得的。

民用（区别于军事）工程师的成果与社会的关联从一开始对这一职业的定义来说就是决定性的要素。在1828年请求皇室为英国土木工程师学会颁发皇家特许状的请愿书中，托马斯·特雷德戈尔德起草了一个定义，他写到"土木工程……已经改变了全世界范围内公共事务的诸多方面和状况"。特雷德戈尔德没有直接说明，但或许那些想要皇室特许状的人自然明白，社会、经济等一系列的人为因素影响着自然资源的分配。

美国土木工程师协会在最近的定义中，更是醒目地提出了工程与社会的关系，这样的表述很明显是受到了英国同僚的影响。

> 土木工程，是一项不断推进人类福祉的行业，它将人们通过学习、经验及实践获得的数学与物理科学知识与判断力相结合，应用于经济地利用自然资源和能源中，创造、改善和保护生态环境，为社区生活、工业和交通提供设施，并为人类提供可使用的结构。

同很多有关目的的定义一样，这个定义试图将所有与这个协会有关的专业领域都塞进来，好让各方都感到高兴。但委员会这样的表述并未偏离所要传达的最基本的信息：尽管工程学的基础是数学与自然科学，但其目的仍是以非常人性化的方式服务社会。换句话说，工程行业的存在不是为了自身，而是为了整个社会。工程所处的社会及文化背景既推动着这一行业的实践，同时也限制着它。我猜测，霍利教授和他的课程之所以能够在时隔多年以后还被记得，是因为大学时期将科技与社会置于历史背景中思考的经历对这些工程师的职业生涯助了一臂之力，正如同思考和写作的严苛标准对他们的帮助一样。

一直以来，工程项目的社会与文化背景，就一直要求对细节的格外关注。金字塔的建成得益于古埃及的技术水平，但绝不只是科技水平高这么简单。事实上，更有可能是法老王（或他们的首领）提出了这个巨大的挑战，工程师们才努力发展出足以克服这一挑战的技术。金字塔的案例对于理解今日的工程学有很大价值，研究在统治着当时社会与文化的自大狂的监视下完成设计和建筑的案例，其价值不亚于解释在塑造金字塔的形态中工程师所起到的作用，或者是他们将精心雕琢的石头安装到位的工艺。与之相似，讲述教堂的建造过程的故事集——比如威廉·戈尔丁（William Golding）的历史小说《教堂尖塔》（*The Spire*），就关注了大主教与总工程师之间的矛盾。这样的故事能够帮助人们理解社会与科技之间的相互影响，这就如同有关风力的研究可以推进砌体结构设计的技术一样。

在 19 世纪各种伟大的工程项目之中，钢铁大桥与水晶宫为设计与建造之间复杂的相互影响提供了更进一步的例证。技术要素毫无疑问是至关重要的，没有了专业科技知识和基本的工程学知识，任何人的设想都无法付诸现实。但维多利亚时期的建筑故事之所以流传至今仍旧鲜活，并不是因为它们早已过时的营造技术，而是因为它们所展现的不受时间影响的因素——人类的本性、变化的人际关系、看似无关紧要的政治、大公司、竞争和经济——在今时今日与以前或与法老和中世纪主教的时候相比，并无差异。这正说明了恰当的历史教育的价值，这样的课程对于执业工程师而言，就如同技术类课程一样重要。令人欣慰的是，近来一些在美国最受人尊敬且有成就的工程师不再避讳这些观点，应该也不会对杜克大学的毕业生调查结果感到惊讶。

"作为一项社会事业的工程学"是由国家工程学学会（National Academy of Engineering）主办的一场为期一天的研讨会的主题。这场研讨会于 1990 年在华盛顿特区举行，是庆祝该组织成立 25 周年的全年庆典的尾声。根据声明，举办这场研讨会是"为了突出社会如何影响科技决策的问题，工程师群体如何在他们服务且参与的社会中发挥作用，以及未来这种关系将会如何转变与发展"。工程师和非工程师的教育问题成为研讨会的焦点，会后《高等教育纪事报》(*The Chronicle of Higher Education*) 记录了这次会议的成果。

会议主席是沃尔特·温琴蒂 (Walter Vincenti) ——斯坦福大学 (Stanford University) 航空航天专业的荣誉教授,同时也是《工程师的知识与认知方式》(*What Engineers Know and How They Know It*) 一书的作者。这一书名本身就唤起了有关工程学的天性及其与社会的关系等诸多问题的讨论。温琴蒂指出,尽管有无数的科技成就可以对工程师并不理解工程学这一论点提出反驳,但科技的功用并不等同于对科技的理解与认识。飞机设计的成功(恰恰)与空中旅行的挫折感与焦虑感形成鲜明对比,与我们的州际高速路网形成对比的是城市内部的交通大拥堵带来的恐慌,化工厂生产出的神奇产品与泄漏的有毒废物形成对比,个人计算机的梦幻世界与试图解决计算机付款错误的梦魇形成了对比。现代科技的二元性现象似乎提出了严肃的问题,尤其是当工程师的产品对社会产生影响时,他们对此真正了解多少呢?

当科技的负面影响不可辩驳地增长时,不消多想,勒德分子*受到了鼓励。同样受到激励的还有立法者们,他们所制订出的拙劣的非科技的限制条件,让科技更加复杂。尽管从表面上看起来,好像是缺乏眼界的工程师一开始只关注确保完成任务的技术领域,从而制造出复杂的局面,但事情的真相比这更错综复杂,更具两面性。

据报道,温琴蒂教授如此形容学术圈对工程学的看法——"一项

---

* 勒德分子 (Luddite) 最初指 19 世纪英国工业革命时期因为机器代替了人工而失业的技术工人。现在引申为持有反机械化和反自动化观点的人。——编者注

在某处进行的奇异而难以理解的活动"。如果学术精英的看法尚且如此，那么在 1990 年华盛顿研讨会的报道中，乔治·布利亚雷洛（George Bugliarello）——土木工程师，纽约州立大学理工学院荣誉教授及曾经的美国科学研究荣誉协会主席——将工程师们归类为"社会的'发动机舱'中主要以技术为导向的角色"也就不奇怪了。

认为工程学是一门奇异而神秘的学科的观点在当今工程师与非工程师的教育方式中得到了印证。工程学的学生学习了高要求的技术性课程，却极少能了解到自身专业的历史或社会背景。其结果便是很多学生离开了社会的"发动机舱"便不知所措。尽管工程学的课程学分要求包括必要的人文社科类课程，但有时是在导师的教导下，工程学的学生更倾向于将这些课程要求视作需要规避的障碍，而不是需要抓紧的机遇。这一现实还有另外一面：由于非工程类的学生几乎不太可能会对哪怕是最基础的工程类课程感兴趣，更不可能有这方面的先修要求，因此我们将来的律师、企业主管和政策制定者，包括那些最有可能掌握国家大局的人，几乎无法与工程师沟通。

在这种教育现状下当然也有许多引人注目的例外，一些工程学课程确实在职业层面为学生们提供了广阔的视野。这类课程的普及推广已经在土木工程师塞缪尔·弗洛尔曼（Samuel Florman）的著作《文明的工程师》（*The Civilized Engineer*）中得到了积极的论述。不仅如此，艾尔弗雷德·斯隆基金会（Alfred P. Sloan Foundation）从问题的另一面入手，赞助了一些针对提升科技素养的尝试，其中包括增进人文艺术专业的学生对工程学方法的理解等一些值得赞扬的努力。

但讲述工程与技术真实历史的课程或许还是最有潜力的，它们不仅能在同等程度上为工程师和非工程师人群提供看待该职业的广阔视野，尤其是其与社会的互动关系，而且为领域间的未来互动提供了基本范式，有助于为建立共同的文化背景提供基础。关于工程与技术历史的传统学术研究，以及以前者为基础的大学课程往往采用"内部主义"（internalist）的视角，即主要关注特定系列的发明成果，或描述日益复杂的技术系统，而几乎不考量它们所需要适应的社会环境。新的"外部主义"（externalist）方法则着眼于更广阔的图景。

梅尔文·克兰兹伯格（Mervin Kranzberg）是关注社会背景中的科技发展这一议题的先驱之一。他与霍利同时代，是科技历史协会及其期刊《科技与文化》（*Technology and Culture*）创办背后的主要支持者。另一位支持对科技史采取外部主义研究路径的领军人物是托马斯·休斯（Thomas P. Hughes），他是宾夕法尼亚大学（University of Pennsylvania）科学社会学与科学史方向的名誉教授，其著作《美国创世纪》（*American Genesis*）是该方向的典范之作。霍利的课程采取的也正是外部主义的方法。

尽管休斯所举的例子主要来自电力工程史——在国家科学院的研讨会上，他就谈论了英国电力系统发展史上该国政治对科技的支配性影响，但这样久经考验的研究案例其实存在于工程学的各个领域。举例来说，19世纪40年代后期最受关注的英国工程项目——布列坦尼亚桥的故事，就充满了工程设计、工程科学、地域和国家政治、公共政策、经济、商业、环境问题以及更多因素间的相互作用和排列组合。而比之现在，在19世纪更常发生的一件事，则是同时代的观察者和参与者从技术和非技术等众多层面令人钦佩地记录了这一项目。（它还在一本篇幅短小却发人深省的专著《布列坦尼亚桥——技术知识的产生与传播》[*The Britannia Bridge: The Generation of Diffusion of Technological Knowledge*] 中得到了重新叙述和阐释，经济学家内森·罗森伯格 [Nathan Rosenberg] 和工程师沃尔特·温琴蒂是这本跨学科研究典范著作的作者。）

无论在何时、以何种方式讲述布列坦尼亚桥的故事，它都戏剧性地展示了技术以外的考虑因素如何能够在桥梁设计——这一常被引作最纯粹的结构工程的例证——中强有力地影响技术性的决定。在布列坦尼亚桥的案例中，包括水上和陆地通行权在内的诸种外部因素，迫使工程师罗伯特·斯蒂芬森重新考虑已有的桥梁设计，而采用独特的管型梁结构——一种在十年内就会因为技术和经济因素被淘汰的构造。布列坦尼亚桥引领英国桥梁设计走上的这条技术路线，伴随着泰河大桥（Tay Bridge）的坍塌戛然而止，而美国桥梁工程师出于技术以外的部分原因（回想一下，最著名的吊桥建造工程师约翰·罗布林 [John Roebling] 也制造和销售钢缆）所选择的另一条技术之路，最终导致塔科马海峡大桥（Tacoma Narrows Bridge）的整体坍塌。进一步阐释这些悲剧性的故事并不仅仅是教授基础工程学的机会（不讨论前提），也为讨论工程和社会中一些重大而永恒的问题提供了平台。

随着讨论外部主义工程史的文献不断增加，休斯在研讨会上反思了"长期以来工程学教育的无知"。大卫·比林顿（David P. Billington）是普林斯顿大学（Princeton University）土木工程专业的教授，曾因面向非工程师开设的创造性的工程学课程而荣获负有盛名的查尔斯·达纳奖

（Charles A. Dana Award）。他和休斯的观点一致，认为"现在已经出现了一些发人深省的素材"，并且需要好好利用它们。比林顿自己对这一领域的贡献包括《塔与桥：结构工程学的新工艺》（*The Tower and the Bridge: The New Art of Structural Engineering*），以及最新出版的比较特别的《发明者：成就现代美国的工程学先锋》（*The Innovators: The Engineering Pioneers Who Made America Modern*），这些著作在不牺牲技术内核的前提下，将科技置于社会、文化和美学的广阔背景中进行了讨论。

　　既然将工程学置于社会历史背景中进行教学的动机和资源确实存在，那么具体应该怎么做呢？工程学院一直在不断寻找机会，将更多技术类课程塞进课程计划，同时似乎也长期存在一种反思，讨论如何将设计经验这样的基本内容包含进课程体系。因此，虽然拉斯特姆·罗伊（Rustum Roy，宾夕法尼亚州立大学［Pennsylvania State University］科学、技术、社会项目的前负责人）在那场研讨会上提出所要建立的"十分之一计划"（tithing plan）——每个工程学学生所学习的有关技术和政策制定历史的内容至少占到课程任务总量的 10%——或许看起来不切实际，也不太可能被大多数工程学的教育者采纳，但是，我们所有人（尤其是工程技术认证委员会有监督工程学课程授课内容的职责）都应该将这样的提案作为出发点，严肃地讨论工程学教育正面临的或许也是最为重要的这个问题。

　　今天，许多年轻的工程师从整体上对于自身职业起源及其社会性基础的陌生，应该已经可以证实他们所受的教育缺失了某些内容。在工程学的社会属性这一研讨会上，没有哪位资深工程师——尤其是国家科学院的成员——提出我们需要减少课程体系中与技术相关的内容，也就清晰地证明了越来越多有成就、有远见的工程师担心：未来的工程师在与非专业人士进行交流互动时，只能通过机舱和控制室之间的对讲机与之展开对话。对于社会这一整体而言，这一前进方向是人们最不希望看到的，也是效率最低的。但是只要致力于向现有的课程体系引入构思精巧、授课严谨的科技史课程，这条道路就是可以被改变的。这些课程会给予今天的工程学学生充分的准备，帮助他们在充分认识自身职业与社会关系的情况下走上工作岗位，正如霍利教授的学生们在四十年前所体会过的那样。

9

推动进步的人们

　　19世纪最具有影响力、最能展现美国创造力的图像之一就是克里斯蒂亚·舒塞勒（Christian Schussele）的绘画《推动进步的男人们》（*Men of Progress*）。这位艺术家在当时以不同寻常的做法，创作了两幅几乎完全一样的油画，其中一幅现在挂在华盛顿特区的国家肖像美术馆（National Portrait Gallery），另一幅则属于纽约市的库珀联盟学院（Cooper Union）。这幅画的钢板雕刻于1862年，由约翰·萨廷（John Sartain）制作，这一版也是人们最常见到的黑白复制品的底本。不过，无论《推动进步的男人们》以什么样的形式呈现，它都是一幅不同寻常的展现了当时19位发明家和工业家的群像作品。这幅画以及画家创造的这一群像场景背后的故事展示了画家对当时科技环境的深刻见解。反过来，这些见解也让人们有机会去反思，这19个人是从何种意义上代表了发明家和工程师的。

　　1826年，克里斯蒂亚·舒塞勒出生在法国的阿尔萨斯省（Alsace）。孩提时代的他就会模仿村中教堂里的绘画，15岁前就能从生活中取材绘制肖像画。他在斯特拉斯堡艺术学院开始进行正规的学习,学会了平版印刷术,随后他搬到了巴黎,和那里的艺术家一起工作。他早期的工作包括在画廊绘制一些战争场景,但这一切被1848年的欧洲革命打断了。

舒塞勒移民到美国,在费城定居,他得知自己曾经在巴黎遇到过的塞西莉亚·莫林格(Cecilia Muringer)和父亲也住在这里,她的父亲是一位来自阿尔萨斯的平版印刷师。克里斯蒂安很快和塞西莉亚结了婚,他也成了一位受欢迎的、成功的艺术家。他在19世纪50年代创作的一些早期作品受到宾夕法尼亚美术学院(Pennsylvania Academy of Fine Arts)的认可之后,他得以全身心地投入创作之中。他早期有一幅作品——《上议院议员面前的富兰克林》(Franklin before the Lords in Council, 1856),这幅画画的是本杰明·富兰克林(Benjamin Franklin),他被很多人看作"一切发明家的教父"。很可能是这一原因,让《推动进步的男人们》的赞助人乔丹·莫特(Jordan L. Mott)注意到了舒塞勒。

1799年,莫特出生于一个纽约家庭,他们的祖先在17世纪来到美国。他是一个多病的孩子,看起来不适合从事任何职业,但是他很早就展示出了对发明的偏好和这方面的才能。在莫特长大成人的过程中,各家各户开始使用来自宾夕法尼亚州的无烟煤,但人们认为只有较大块的无烟煤才适合燃烧,小块的无烟煤都被扔到了垃圾堆里。费城斯库尔基尔河(Schuylkill River)的河岸上积起了很大的废弃煤堆,莫特拿了很多放在他自己发明的新式煤炉里,这种炉子可以有效地燃烧小块的煤。在燃煤器具方面,莫特总共获得了超过四十项发明专利,当钢铁厂没法制作合莫特心意的煤炉时,他就自己开办了公司进行制作。J. L. 莫特钢铁厂(J. L. Mott

Iron Works）位于莫特港（Mott Haven）的雇员小区，厂子发展得十分成功，莫特也因此名利双收。凭借其社会背景、地位和财富，1857年作为纽约艺术赞助人的莫特，请舒塞勒绘制一幅有关"改变了当代文明进程"之人的群像画。自然，莫特在这群人当中，并且人们普遍认为他决定了与之一起被记载的人选。

《推动进步的男人们》，克里斯蒂亚·舒塞勒画

在当时，像好心肠的莫特赞助的这种群像画很常见，19世纪50年代中期，舒塞勒已经建立起自己在这一流派的大师地位，也就自然被莫特选中。《推动进步的男人们》里的人物从来没有集体出现过，舒塞勒去拜访过他们每一个人，并且花费五年的时间创造出了一幅完整的油画。最初这幅画只包含18位发明家，但当约翰·埃里克森（John Ericsson）设计的"摩尼托尔号"（Monitor）铁甲舰于1862年3月在弗吉尼亚州汉普顿锚地（Hampton Roads）击败了"梅里马克号"（Merrimac）时，他就以站在立柱右侧的形式被添加到了这幅尚未交付的画上。

画中的人物从左到右分别是：威廉·莫顿（William Morton），一位波士顿的牙医，发明了安装假牙的新系统，随后又发明了有效使用乙醚麻醉剂的方法，这使得安装假牙的过程变得更加可以忍受。詹姆斯·博加德斯（James Bogardus），他把钢结构建筑引入了纽约市。塞缪尔·科尔特（Samuel Colt），他在去往印度的旅行途中产生了关于左轮手枪的构思，并首先在法国和英国获得了专利。赛勒斯·麦考密克（Cyrus McCormick），他发明的自动收割机在万国博览会上进行了展览。约瑟夫·萨克森（Joseph Saxon），他规范了美国海关的测量方法。坐着的那位是查尔斯·古德伊尔（Charles Goodyear），他成功地发明了硫化橡胶，却没有从中获益。彼得·库珀（Peter Cooper），他建立了大型钢铁厂，设计并制造了美国第一台火车头。乔丹·莫特，在自己赞助的画里他理所当然地位于最中间的位置。约瑟夫·亨利（Joseph Henry），实验物理学家，他改进了实用的电磁铁，制造了第一台电机，还是史密森学会（Smithsonian Institution）第一任同时也是长期任职的秘书。伊利法莱特·诺特（Eliphalet Nott），拥有蒸汽机和燃炉方面的专利，在联合学院担任了差不多六十年的校长。约翰·埃里克森，设计出了铁路机车和铁甲舰。弗雷德里克·西克尔斯（Frederick Sickels），他的断路器能使蒸汽机运行得更加平稳，这成为其十四年专利期的争论焦点。塞缪尔·莫尔斯（Samuel Morse），桌上展示的是他发明的电报机，舒塞勒可能是以他为中心绘制了这幅群像。亨利·伯登（Henry Burden），他发明了能制造马蹄铁和铁轨铆钉的机器。理查德·霍（Richard Hoe），他发明了滚筒印刷机。伊拉斯塔斯·比奇洛（Erastus Bigelow），发明了能够制造蕾丝和地毯的织机。以赛亚·詹宁斯（Isaiah Jennings），他发明的机器可以制造顶针和扣眼。托马斯·布兰查德（Thomas Blanchard），他的机床可以连续地生产出枪管。以及伊莱亚斯·豪（Elias Howe），缝纫机的发明者。本杰明·富兰克林则从墙上的画像里俯视着这群人。

发明家们所聚集的座谈会设置于美国专利局（U.S. Patent Office）的大厅内，因此，场景中展示的画作和模型都与他们的专利相匹配。一些观察者指出，舒塞勒使用了这些人物的发明对人物进行排列，但要对这些发明进行排序可能有些困难。科尔特的左轮手枪被放置在一块形似木板的东西上，这块木板或许是用来装专利模型的箱子的一部分。麦考密克的收割机模型位于地板上。古德伊尔的椅子下面放着一双胶鞋。桌子上放着莫尔斯的电报机。一幅画着霍的滚筒印刷机的画占据了地板中间的位置。墙上挂着的画上似乎画着比奇洛的一台织机。在豪的缝纫机模型旁边的地板上画着布兰查德的机床模型。在伯登的背后有一个只露出一部分的模型，还有一些图书——可能是科学、法律或发明目录——分散在画面的各个地方。亨利·伯登自己没有任何专利，他靠在一本象征着科学媒介的书本上，这一行为可能象征着他对专利特权许可证的一贯反对的态度。奇怪的是，画面里似乎没有什么与莫特本人有关的物品。

现在挂在国家肖像美术馆里的这幅画上的签名的年份是 1862 年。它归属于莫特家族，随后又成了亨利·福特（Henry Ford）的收藏品。安德鲁·梅隆（Andrew W. Mellon）后来得到了这幅作品，1942 年，他将这幅画和国家艺术馆（National Gallery of Art）一起捐赠给了美国政府。当哈里·杜鲁门（Harry Truman）总统需要一幅与《和平的缔造者们》

（*Peacemakers*）——这一展现林肯总统、格兰特将军*、谢尔曼将军**以及大卫·波特（David Porter）上将在南北战争末期一同登上一艘轮船的绘画——相配的画作时，《推动进步的男人们》被拿了出来。它从 1947 年到 1965 年一直挂在白宫，直到后来被搬到国家肖像美术馆。

归属于库珀联盟学院的版本其实更大一些（大约 6 英尺宽、9 英尺长，相比之下史密森学会的那幅只有 4 英尺宽、6 英尺长），绘制的时间也为更早的 1861 年，埃里克森的形象据推测是后来被加上去的。萨廷的钢板雕刻画就是根据这幅画制作的，这也是最常被复刻的版本。（尽管这幅画声名远播，但在最近出版的一本有关英国工程师的作品的书中出现的《推动进步的男人们》，却被错误地当成了一幅万国博览会场馆建造竞赛委员会的肖像画。）

《推动进步的男人们》最初是乔丹·莫特自负心的产物，他的本意可能是想用此来装饰自己在第五大道上舒适的居室，结果很快，全美各地许多平民的家庭中都出现了这幅画的复制品。它代表了这个年轻国家的机遇、伟大之处和可能性，也成为吃苦耐劳、辛勤工作和希望的模范。这幅画，尤其是对于那些看过约翰·斯柯文（John Skirving）那本《解析》（*Key*）的人们来说，将发明家、工程师和实业家展现为所有人都应该效仿的榜样。从这个角度来看，它就相当于同时代的英国人塞缪尔·斯迈尔

---

* 尤利塞斯·辛普森·格兰特（Ulysses Simpson Grant，1822—1885），美国南北战争时期任北方联邦军总司令，后来被选为美国第 18 任总统。——编者注

** 威廉·特库姆塞·谢尔曼（William Tecumseh Sherman，1820—1891），美国南北战争时期北方联邦军的重要将领，战功卓著。——编者注

斯写的系列传记《工程师的人生故事》（*Lives of the Engineers*），这些传记讲述了那些出身平凡、没有受过多少正规教育的人是如何取得成功的。维多利亚时代人们的头脑不断受到新发明、新事物的挑战，这些挑战让生活变得更加有趣也更缤纷，几乎也总变得更加方便。人们逐渐不再忌惮而是去欣赏新的科技和它的果实。然而，这些成果不可能不经努力而凭空得到。正如斯柯文在他说明性的小册子的引言中所说：

> 这些绅士们聚集在这里，充分符合我们作品的标题——《推动进步的男人们》。正是他们基于对人类需求的敏锐洞察，以及能够设计出合适的工具来满足这些需求的创造力，才造就了当今这个进步的时代所具有的独特之处。一切荣誉都属于他们——发明家——因为有他们，我们才能取得强大的现代文明的胜利。我们对他们更应怀有感激之情，是他们穿过了满是荆棘而少有鲜花的小径。一个人达到目标的背后，是无数在路程中失败的人们的身影……
>
> 那些取得成功的人，无一不是战胜了无数的困难和阻碍。他们付出了艰辛的脑力和体力劳动，面对各式各样的打击坚持不懈地持续付出努力，直到很久以后，生活在这个世界上的人们已经凭借他们的创造获益良多，反对的声音才会慢慢消失。

当然，最后这段话对于发明家或非发明家，工程师或非工程师，男人或女人都一样适用。今天，即使读过斯柯文热情洋溢的文字，《推动进步的男人们》中描画对象的单一性也难以被忽略。画中的每一个人都是出生于 1773—1819 年间、于 1860—1895 年间去世的白人男性。令人吃惊的是，他们都在东北部长大、发迹，我们可以推测，他们都属于同一个老男孩社交圈，也就是莫特的社交圈，他们可能参加了同样的俱乐部，也怀有许多相同的理念。或许就像很多挂着这幅画的普通家庭所相信的那样，这些男士为普通市民的生活质量所做的贡献比政治领袖们所做的还要多。但是作为发明家，这一群人有多大的代表性呢？那个时候有没有女性发明家呢？

同样的问题在 19 世纪被问得越来越多，因此，1888 年专利委员会汇总了所有在 1790 年——美国第一次颁发专利的时间——至 1888 年 7 月 1 日期间获得专利的女性发明家。结果显示，在这期间，在总共发放的约 40 万份专利中，只有不到 2400 份由拥有女性化名字的发明家获得，也就是大约 0.6%。尽管有学者提出这份名单中很可能存在着很多遗漏，但得出的事实是一样的，那就是虽然女性发明家的数量明显少得可怜，但她们确实早在 1809 年就开始申请并在美国获得发明专利了。

19 世纪后期女性发明家角色转变的迹象出现在《科学美国人》中，这份期刊曾经将《推动进步的男人们》的雕版复制品发放给订阅者。根据尤金·弗格森的报道，这份周刊是由芒恩公司（Munn & Co.）出版的，这家公司同时还运营着一家专利机构，曾经一度掌握着专利局四分之一的生意。1850 年，《科学美国人》显然认为他们的读者和发明家群体都是男性，并且有可能成为未来某幅群像中的人物："年轻的小伙子，你可以达成任何人完成过的成就，但如果没有经过努力——有意识的、毫不动摇的努力，这一切就不可能实现。"然而，等到了 1876 年，机遇显然已经大大增加，就像芒恩公司发行的众多小册子里说的那样，每个人都可以去发明，

"无论种族和肤色……无论是女人还是小孩"。想获得专利和财富只需要"去思考,不必很复杂,用简单、轻松的方式去思考,每个人都能做到"。当然,要获得芒恩公司的服务,每个人无一例外都要付费,19世纪60年代这笔费用最少为25美元,还要加上付给专利局的35美元。

一本记录1861年前出生的机械工程师的传记类词典进一步证实,19世纪的女性确实参与到了发明和工程的行业中。在词典内罗列的1688个名字中,有6位显然是女性。在500个拥有独立传记描写的人当中,至少有1位是女性,即玛格丽特·奈特(Margaret Knight),她获得了很多项专利,其中包括制作纸袋的设备的相关专利。即使将所有只有首字母缩写的人都视作男性,那么差不多0.4%的女性比例也大致和专利局的统计结果一致。不过,通过所有这些信息来源,我们也只能部分了解过去发明和科技领域的女性或男性。举例来说,这本词典本身也在卷首插图页印上了《推动进步的男人们》,但是画中的19位发明家甚至只有13名被列在1688人的名单中,而莫特本人也不在其中。

彼得·库珀是较早倡议承认女性在科技领域的贡献并且给予她们机会的人,在《推动进步的男人们》中,莫特似乎在听他讲话。据说库珀和他的妻子萨拉·库珀(Sarah Cooper)合作发明了果冻,而他对于自己在年轻时甚至没有接受过基础教育的事实感到十分遗憾。1859年,在已经成为非常成功的纽约商人后,他建立了库珀联盟学院,"以促进科学和艺术以生活为目的,进行多样和实用的应用",以便让与他本人相比"没有更好机会的……男孩女孩们"能够接受教育。夜晚,学院为男性和女性提供应用科学和建筑制图领域的课程;白天,女人们可以加入女子设计学校,学习艺术课程或者接受"摄影、电报、打字和速记等新职业的训练"。这些课程是免费的，并且，据说库珀还影响了其他的慈善家，如安德鲁·卡内基（Andrew Carnegie）、埃兹拉·康奈尔（Ezra Cornell）以及马修·瓦萨（Matthew Vassar）。

20世纪90年代中期，库珀联盟学院工程学院的院长埃莉诺·鲍姆（Eleanor Baum），是一位工程教育的杰出发言人。全国范围内女性工程学学生的比例已经超过了15%，有些项目中的男女比例已经十分接近。女性现在很可能在班级中名列前茅，她们也已经出现在一些显眼且重要的技术岗位上，比如宇航员以及政府部门和机构的领导者。正如她们在19世纪所做的，女性正在参与发明以及申请和获得专利（1988年时达到了总数的5%），而且可以预料，她们的人数还会继续增加。人们已经很难想象，今天还会有人赞助像《推动进步的男人们》这样偏狭的一幅画了。

10

土力学

孩子们之间会玩一种手部游戏：握紧的拳头代表石头，伸出两只手指代表剪刀，手掌张开表示布。协商好的信号发出后，玩家两两对决，各伸出一只手做出上述的一个手势，胜者由"石头碎剪刀，剪刀碎布，布包石头"的口诀决定。同样的游戏稍作修改，就可以用来介绍工程师在土地上营建工程的工作，拳头代表石头，伸出手指代表结构，张开手掌代表土壤，即那较薄的一层"未固结的沉积物以及由石块分解形成的固体颗粒堆积物质"，又叫泥土。只不过在这种情况下，岩石支撑起结构，结构取代了土壤，土壤覆盖着岩石。这些有时令人惊异的条件也在很大程度上决定了一个结构工程项目的成败。

对于一个大型建筑来说，无论是悬索桥桥塔、钢结构的摩天大楼，还是混凝土堤坝，坚实的基岩总是理想的基础。然而，建筑选址的地质条件并不总是这般理想，基岩也常常因深入地下而难以触及。更何况，基岩通常由于天然缺陷而无法胜任地基的角色。罗马人发明了在松软的河床中沉入桩柱的技术，这项技术使得桥墩能够安置在足够深也足够结实的基础上，以抵抗沉降和侵蚀。早先的许多桥梁正是出于这一原因发生了垮塌。建造哥特式教堂的卓越建筑师们曾铺设基础，为建筑提供合适的地基，以免地面不均匀位移造成砌体墙出现裂缝。近来，高层建筑的工程师们学会了在建筑下方深处铺设宽垫或筏式结构，以保障整个建筑的底层有充足的浮力支撑，使其标高能够与街面保持一致，而不至于随着时间的推移发生沉降。上述以及其他为解决无法到达基岩的问题而进行的建造基础的设计，已经成为土木工程技术的一个基本内容。

然而，8 个多世纪以来，倾斜的比萨塔（Tower of Pisa）一直在提醒人们，工程师并不总是在坚实的基础上进行建造。其他一些建筑——诸如墨西哥城的瓜达卢佩圣母大教堂（Guadalupe National Shrine）——也有明显的倾斜，有些建筑物墙体上的裂隙则说明出现了不均匀沉降的现象，一些著名的建筑则发生了相对整体的沉降。始建于 1848 年的华盛顿纪念碑（Washington Monument），在 1884 年第二阶段改造地基的工程彻底完工前，已经沉降了接近 6 英寸。墨西哥城艺术宫（Palace of Fine Arts）发生的沉降更为明显，该建筑曾经的地面一层逐渐变成了地下室。有时附近的工程也会影响建成已久的建筑。波士顿的三一教堂（Trinity Church）就发生过这样的状况，当时为了建造约翰·汉考克大厦，科普利广场（Copley Square）的地面以下被挖空。

有些建筑本身就是以土为材料建造的，据说这是有史以来最古老的建筑材料。19 世纪，土坝的溃坝事故就经常发生，进入 20 世纪以来也时有发生。蒂顿水坝（Teton Dam）位于爱达荷州（Idaho）东南部，横切蒂顿河谷（Teton River Canyon），它是一座巨大的土坝，建在极易破碎的火山岩之上。1976 年，蒂顿水坝在建成六个月后，刚刚完成蓄水时发生了坍塌。即使是混凝土水坝也无法避免土体问题。1928 年，洛杉矶以北 40 英里处的加州圣弗朗西斯水坝（St.Francis Dam）发生溃坝。究其原因，是在两种因素共同作用下发生的，即岩石上的地基存在缺陷再加上发生滑坡。120 亿加仑*河水直泻出来，导致约 450 人丧生。要解释这些事故，并且避免类似的问题在以后的工程中再度发生，需要对自然环境和土体的运动有所理解，尤其是面对不断变化的土壤含水量、固结度、荷载时更应如此。

作为一门工程学科，土力学将解决这些问题视为挑战，其发展也正得益于这些问题的提出。人们普遍认同，土力学起源于 18 世纪法国土木工程师查尔斯·奥古斯丁·库仑（Charles Augustin Coulomb），他为摩擦力的相关研究提供了一种基本方法，帮助工程师们判断沙土和堤坝在什么角度下会失稳并出现滑坡。然而，纵观整个 19 世纪，除去所谓的休止角（沙堆类颗粒状材料能保持稳定且不发生滑坡的最大倾角）与承压能力以外，少有其他对土壤力学性能的测算。到了 19 世纪末，库仑的研究甚至仍得不到当时的工程师的信任。土壤的其他重要特性，如密度、含水量、压缩性等都未受关注，直到一位名叫卡尔·太沙基（Karl Terzaghi）的奥地利工程师被指派赴土耳其讲授有关工程和基础的课程时，它们才得到理论化的研究。值得庆幸的是，这次任命及其所提供的实验与反思的机会，发生在这位工程师已在领域内收获了宝贵的经验之后。这位工程师的生活

---

* 加仑（gallon）是英美制容量单位，1 加仑（英）约合 4.546 升，1 加仑（美）约合 3.785 升。——编者注

和事业，在他的学生及同事们的叙述中，时常带有神秘的色彩，而他本人似乎对这一切并不否认。

卡尔·太沙基 1883 年出生在布拉格（Prague），当时这里还是奥地利帝国波希米亚省（Bohemia）的首府。他出身于奥地利军官世家，自然也被送到了军事学校。但军队对他毫无吸引力可言，而后他进入位于格拉茨（Graz）的技术大学，在那里留下了参加决斗的伤疤。太沙基毕业于 1904 年，取得

卡尔·太沙基

机械工程学学士学位，他对这一专业并不感兴趣。在校时，他对地质学很感兴趣，而且也显示出成为一名作家的潜力。在继续对地质学课题进行钻研之后，太沙基开始为一家维也纳工程公司工作，该企业专门建造钢筋混凝土结构及水力发电厂，自然也包含水坝建设的项目。三年后，太沙基渐渐难以忍受整天在瑞士阿尔卑斯山地区工作的任务。随后，他成为克罗地亚（Croatia）在亚得里亚海沿岸（Adriatic Coast）的内陆地区的一处水力发电站项目的地质和水文情况的调研负责人。

项目完成后，太沙基隐居在阿尔卑斯山中，针对他在克罗地亚的考察撰写了长篇论文。在此期间，他从一位身在彼得格勒（Petrograd，圣彼得堡的旧称）的朋友那里听说了当地一座纪念碑被终止施工的消息，原因是挖掘现场附近的建筑已经出现了裂缝和沉降现象。太沙基主动请缨，请求为工程承包方负责这一项目，并在短时间内控制住了局面。此后他在俄罗斯东北部参与了其他一些项目的设计和建设，而且他逐渐清醒地意识到：钢筋混凝土结构设计是可以量化的，基础设计则不然，两者之间存在着巨

大的差别。太沙基逐渐认识到地基及土方工程出现的问题，是由于我们对地质条件与工程建设结果之间的关系的认识存有知识性的差距。他相信，通过事故案例分析——"通过收集每一起失败的基础工程及土坝溃堤的案例，并且细致地分析它们与当地地质条件的关系"——这些知识性的差距是可以被弥补的。

土壤是一种建筑材料，人们对它的了解却如此不足，太沙基并不是唯一一个对此感到震惊的人。尤其在美国，垦务局参与了大量不同地质条件下的水坝与灌溉系统的建设工作，而且垦务局负责人也赞同太沙基的观点，认为这是一个罕见的进行大规模试验的机会，它很有可能揭示出我们迫切需要的研究结果。因此，太沙基花费了两年的时间，在美国西部各州观察并收集数据。然而一回到欧洲，他就失去了信心，因为那些试图理解这些数据的努力统统没有结果。

第一次世界大战爆发，太沙基加入了奥地利军队。1916 年，他被派往伊斯坦布尔（Istanbul）的皇家工程学院（Imperial School of Engineers），担任基础与道路工程专业的教授，这所学院当时正在重新组办，负责人是之前教过他的一位老师。用他自己的话来说，"我并没有任何教书的冲动，因为我始终专注于自己的无知"。但正是在这个如今作为伊斯坦布尔科技大学（Istanbul Technical University）前身的机构，太沙基得到机会开始重新考察自己在美国的经历和当时所收集到的数据，并通过东拼西凑取得的器材进行了一些有关土壤的基础性实验。很快，他认识到自己此前陷入困境的原因：当时，土壤还是严格以地质学名词进行分类的，例如粗砂、细砂、软黏土、硬黏土等，而这一分类标准下的每种土壤却包含着截然不同的工程特性。在此基础上，太沙基认为，需要一种定量的方法来测量土壤，以独特的方式区分它们多种多样的材料属性，以便使得工程师能够通过计算预测建筑的承载能力和沉降率。

并不是只有太沙基想到了这一点。开凿巴拿马运河（Panama Canal）时，在穿过大陆分界线的著名的库莱布拉河道（Culebra Cut）时，发生了滑坡，这为工程师们敲响了戏剧性的、不可扭转的警钟。他们正在做一件超越自身能力的事，而且无力预测自己行为的后果。巴拿马的状况，以及随后不间断的大坝崩塌和建筑沉降事件的发生，迫使美国土木工程师协会于 1913 年专门指派了一个委员会对此类事件进行调查。该委员会强调了"用数值方法描述土壤性质的重要性"。瑞典和德国同样意识到了这一点，前者的铁路建设常常伴随着灾难性的山体滑坡，而后者境内巨大的防护墙出现了令人无法接受的位移。尽管如此，太沙基却将成为那个提出关键性理论见解的人。

战后，太沙基留在了伊斯坦布尔，在罗伯特学院（Robert College，现在被称作海峡大学 [Boğaziçi University]）担任讲师。在这里他一边教授机械工程的课程，一边继续土壤研究。在反思中，他于 1918 年"用一天的时间在一张纸上写下了"一个实验项目，预计花费时间为两到三年。然而实际上，他为之努力了七年多的时间。独自工作，又没有获取当时有关论文的渠道，所使用的设备包括香烟盒和从学校的垃圾堆里捡来的各种零件，他开始缓慢地勾勒出土壤的力学原理。1920 年，他用一个美国化的名字查尔斯·太沙基（Charles Terzaghi）在《工程新闻纪录》上发表了有关自己工作的"第一份研究报告"。另一份附加评论——《对土力学的研究》

（"Research in Soil Mechanics"）——不仅为这一新领域创造了名称，还宣布"土壤作为一种工程材料所展示出的问题"是"至关重要的，它理应被列为土木工程学领域内突出的研究问题"。这篇评论还讨论了解决该问题的其他路径，并且总结认为太沙基确定"土壤的事实性运动"的基础性研究预示了"新的研究通道的打开，这必将引出更多有关土壤的确切知识"。

太沙基继续着他的研究，并总结出一套模型，用于阐释孔隙水是如何逐渐将其所承荷载转移到黏土的颗粒结构之上的。起初，他在 1923 年的文章中描述了有关排水固结过程的数学模型，但并未引起关注。但当他于 1924 年将就此话题所写的论文在荷兰代尔夫特（Delft）举办的第一届世界应用力学大会上进行展示以后，"立刻收到了热烈的反响"。太沙基在 1925 年出版的一本标题平淡无奇的作品——《基于土壤物理的土方工程力学》（*Earthwork Based on Soil Physics*）——使他得到了出任麻省理工学院（Massachusetts Institute of Technology）访问讲师的邀约，而他也欣然接受了这一邀约。后来，回忆起自己影响深远的贡献时，太沙基坦言他"只是打下了基础，大厦仍待营建"。而且，他把自己的成功归因于他"有渴望，有机遇，有耐心，也有学历资格来组织这场本就已变得势在必行的改革"。

以麻省理工学院为基地，太沙基开始为各类土方和基础问题提供咨询，并将自己在实践中获取的经验融入土力学的教学中。1929 年他接受了维也纳科技大学（Technical University）的教授职位，再次回到欧洲。在他留在美国的诸多门生之中，有一位地地道道的奥地利人，名叫阿瑟·卡萨格兰德（Arthur Casagrande），也毕业于维也纳科技大学。他在麻省理工学院师从太沙基，随后成为哈佛大学工程学研究生院的一位助理教授。在此后的岁月里，同其他人一样，卡萨格兰德更加清晰地认识到，越来越多的土力学研究专家，即使算上执业工程师，也已经无法跟上土力学与基础工程解决问题的方法的不断发展和更新，而举行一场土力学会议的呼声也因此越来越盛。这场会议于 1936 年的春天在美国举办，由卡萨格兰德组织，同时也是将太沙基请回美国的一种手段，它后来成为个人和机构提出倡议的模范。

1936 年 6 月，哈佛大学接受提议主办了这次国际土力学与基础工程学大会，并将其作为建校三百周年庆祝活动的一个正式环节。校长詹姆斯·科南特（James B. Conant）邀请到场的成员们参加了哈佛大学周年庆祝活动的首场官方活动，并在活动中追溯了这所大学的历史与发展。然而发表会议主席致辞的，却不是那位多次在《工程新闻纪录》上发表文章的"查尔斯·太沙基"，而是一位备受推崇的"维也纳科技大学教授卡尔·冯·太沙基"。不止如此，收录于此次会议的《会议公报》（*Proceedings*）中的"卡尔·冯·太沙基博士"的论文也有半打之多。

1936 年秋天，太沙基回到了维也纳，处理他不断扩张的咨询工作。然而，随着欧洲局势变得更加动荡，他于 1938 年的秋天回到了美国，在哈佛大学担任土力学访问讲师。同年秋天，太沙基受邀到芝加哥做讲座，他将讲座题目定为"大城市下方软土区地道挖掘的危险性"（"The Dangers of Tunneling in Soft Clays Beneath Large Cities"）。他的演讲同时引起了市政地铁与轨道交通部门以及州街道产权所有者协会的兴趣，前者正在负责某条地铁修建工作，而后者则担心附近的建筑受到影响。双方都希望聘请太沙基作为顾问。最终他选择了前者。市政府答应每天支付史无前例的 100 美元，并与他约定会设立一所实验室，由太沙基自己和他亲自挑选的人员直接监管。这位助手由谁担任一时间成为热议趣闻。

拉夫尔·佩克（Ralph Peck）较之太沙基年轻了近 30 岁，拥有伦斯勒理工学院（Rensselaer Polytechnic Institute）土木工程博士学位，专攻结构与数学。他的研究主题是悬索桥的刚度，这一话题受到了杰出的桥梁工程师戴维·施泰因曼（David Steinman）作品的启发，施泰因曼本人对佩克的研究也很支持。在 1937 年博士毕业后，佩克加入了美国桥梁公司（American Bridge Company）的细部设计学院，此后在这里的制图室工作。但当桥梁行业逐渐萧条，佩克被辞退以后，他四处寻找工作，来者不拒。芝加哥的阿默科技学院（Armour Institute of Technology，后改为伊利诺伊科技大学）的院长告诉佩克，尽管学校在结构学方向没有职位空缺，但如果他能够在艾奥瓦大学（University of Iowa）学习水利，或在哈佛大学学习土力学，就能在这里得到一份工作。

作为哈佛大学的一名非学位学员，佩克得以在学期中途走入课堂，以不同寻常的方式学习土力学。他通过进行固结试验积累了实验室工作的经验，又旁听了一门统计学的课程，而此时太沙基正需要有人来帮他处理新书——《理论土力学》（*Theoretical Soil Mechanics*）——中的英文术语。随后，当有人询问太沙基希望由谁来监管芝加哥地铁项目的土力学实验室时，他欣然接受了卡萨格兰德对佩克的举荐。这一耗时三年的项目是土力学实际应用发展过程中的里程碑，却受到珍珠港事件的影响而中断。这之后，芝加哥地铁的工作也让佩克与伊利诺伊大学厄巴纳分校取得了联系，他将在那里——而非阿默科技学院——度过自己职业生涯中的很长一段时间。

与此同时，太沙基仍在继续撰写书稿，佩克则参与了审阅工作。在《理论土力学》的扉页，太沙基感谢了他的帮助。这本书于 1943 年出版，献词部分写道："献给哈佛大学，感谢它以开放的态度鼓励对知识的追求。"在此书尚未出版前，佩克就已经开始建议太沙基继续写作第二册，以作为本科教科书使用，并在其中加入关于土力学的应用的内容。太沙基邀请佩克一起完成这部作品，这本《工程实践中的土力学》（*Soil Mechanics in Engineering Practice*）于 1948 年出版，并成为一部经典。

伴随他本人不间断的授课、写作以及世界范围内的顾问活动，太沙基的声名有了保障。1946 年他成为一名土木工程实践方向的教授，这一头衔据说是哈佛大学专门为他设立的。他拒绝了再无新鲜挑战的顾问工作，开始经常到英属哥伦比亚地区工作，那里的地质与基础条件异乎寻常的复杂。海岸山脉或许也勾起了他早年在欧洲工作的回忆。

在生命的最后几年间，太沙基主要负责英属哥伦比亚地区的一系列水坝项目。其中之一的米申水坝（Mission Dam），按照佩克的说法，"从岩土工程学角度来看太过复杂和困难，以至于许多工程师都曾认为这一项目是不可行的"。太沙基于 1963 年去世。两年后，在蒙特利尔举办的第六届世界土力与基础工程大会纪念仪式上，米申水坝更名为太沙基水坝（Terzaghi Dam）。这样的荣誉罕有工程师获得，但现代工程学领域中也鲜有哪一位人物像太沙基同土力学一样不可分割。太沙基定义了土力学，而这门学科本身也正是其开创性成果的纪念丰碑。

11

科技发展有迹可循吗?

从 20 世纪 80 年代初到 20 世纪 90 年代中期,个人计算机的发展经历了令人震惊的剧变。在这一阶段初期,大多数家用和办公用计算机都是米色的外壳和单色显示屏,它们虽然体积较大,但总体而言兼容性并不好,即使像鼠标一样小的设备也没有空间可以容纳。它们相当于存储厨房食谱或小型企业档案的电子文件盒,以及使用软盘的笨重文字处理机,连存储中篇小说的容量都没有。放在今天,连儿童都会嘲笑这个只有最简单游戏的古怪玩具箱。到该阶段结束时,便携式个人计算机已经可以配备内置鼠标、硬盘驱动器、光盘播放器和传真卡等部件,而且还可以装在牛皮纸信封里。这些笔记本电脑不仅可以放在飞机小小的服务托盘上进行操作,甚至还能给一两杯鸡尾酒空出地方。它们可以通过接入电话线联网,真真切切地实现了用一块平整的全彩显示器就可以接触到整个世界,而且反应速度比人类还要快。

20 世纪末期电子技术的迅速发展,对于无论在工作还是家庭中都始终追求使用最尖端的个人计算机以及时刻关注杂志、电视上的广告宣传的人来说，都不令人诧异。到了 1990 年左右，绝大多数消费者或多或少放弃了等待计算机行业达到某种稳定状态的希望，只在旧计算机坏了或无法运行最新的必备软件时才选择购买一台新的计算机。对于门外汉来说，想要预测接下来的科技发展几乎没有什么希望。各地的计算机用户似乎已经勉强接受了购买和使用那些刚开封安装就已经过时了的设备。

科技带来了什么？它是不是一个自然的或者人为制造的移动靶，让消费者永远也无法读懂或引领它的发展，以至于在购买时总是无法做出正确的决定呢？工程师和销售者们是否已经开始合作，计划把过时的设计加进他们的产品中呢？还是说工程师和企业决策制定者们缺乏远见，看不到未来技术的发展方向呢？是技术人员在引导技术，还是技术在引导技术人员？科技产品是否以某种高深莫测的方式被硬连接起来，以至于连创造它们的技术人员都不能完全理解？试图通过研究个人计算机或任何其他现代工业制品来了解这些疑问背后所反映的问题，只不过是一场令人沮丧无力的求索，因为通向真相的道路仍在发展，并且在不断地分叉、弯曲、迂回后，最后在我们自己脚下终结。

从另一角度来讲，废弃已久的技术像化石一样，能够提供坚实的案例，来帮助我们理解从远古时代到后现代的技术进化史背后的规律。过去的人工制品从地下室、阁楼和旧仓库层层堆积的物件里被找出来，提供了毫无疑问、绝对真实的事实和数据，在一条早已延伸至极限的演化链中，毫无争议地被定位。此外，由于同期贸易目录、广告和公司档案等文献证据已经不再包含任何工业机密或是会令消费者震惊的秘闻，因此书面记录可以帮助整理和解释大量的"科技化石"，供今人解读。

现在大家都已经知道，广播是从无线电报这一概念发展而来的，而对这一发展过程的研究正是一个非常能说明问题的案例。从 19 世纪后期的"无线"（wireless）到 20 世纪 20 年代的"广播"（radio），术语的发展变化恰恰蕴藏了与科技相关的核心问题。"以太"（ether）作为能够发送和接收音频信号的通信方式的名称，不仅反映了主导这一新型通信媒介技术发展的发明家和企业家的想法和技术目标，而且还引导了希望利用这一技术的新旧公司的规划和投资方向。一开始，今天被称作"广播"的这项发明，被视作一种无须使用线路就可以发送电报消息的手段，因此，许多具有创造力和发明才能的天才都致力于将发射束聚焦到特定的接收器上，从而保持两点之间通信的私密性。无线电报服务的潜在用户被认为是那些希望能够进行保密交流的个人，以及不希望竞争对手免费获得专利信息的企业。无线电波束四散辐射的特性被视为需要通过技术手段克服的不利条件，这也成为大多数早期研究的重点。

电报（telegraphy）这一术语通常与远距离的绘图、写作与交流有关，它早在电出现之前就已经存在。烟雾信号、鼓声甚至从远处打手势都是电报的原始形式。约德尔唱法 * 和聋哑人的手语也可以视为电报的一种形式，而两个人在巨大的房间的两头向彼此大喊大叫，也是同样的道理。古希腊人设计了字母代码来传送消息，17 世纪望远镜的发展则鼓舞了人们

---

* 约德尔唱法（yodeling）是一种源自瑞士阿尔卑斯山区的唱法，这种唱法基本上是无歌词的，只采用一些无意义的字音来演唱。是当地居民在高山之间进行远距离交流的一种方式。——编者注

开发远距离通信的想法。信号灯在 18 世纪后期的法国开始投入使用，其发明人克洛德·沙普（Claude Chappe）被授予"电报工程师"（ingénieur-télégraphe，英文为"telegraph engineer"）的称号。在英格兰，既是主教也是发明家的乔治·默里（George Murray）设计了"开合板电报"，包含可以独立打开和关闭的开合板序列，用于传输编码的消息。

旗语站和开合板电报装置需要安装在高海拔的地方，这些地方通常被命名为电报山或信号山，它们作为中继点，能向地平线另一端发送消息。其实在 1837 年塞缪尔·莫尔斯首次寻求政府支持他的电报系统时，美国国会正在考虑批准在纽约和新奥尔良之间建立一条旗语线路。莫尔斯的系统不是通过视觉信号，而是通过电线上的电信号来运行。莫尔斯是一位杰出的画家，同时他也对电现象很感兴趣。他密切关注着 19 世纪 20 年代末到 30 年代初的电磁学的发展，从而了解到如约瑟夫·亨利设计的新型马蹄形电磁铁之类的装置，这种电磁铁可以通过 1 英里左右的电线传输电流来激活，进而产生响铃之类的机械运动。莫尔斯利用点和线设计了一套系统。通过该系统，操作员可以用一个像钢琴键一样的设备，接通和断开电流，通过断续的电流向另一端的发声器发送经过编码的消息，并将其激活。这样，接收端的操作员就可以记录相应的点和线了。1843 年，莫尔斯从政府那里获得了足够的资助，在华盛顿特区和巴尔的摩（Baltimore）之间修建了一条 37 英里长的电报线路。第二年，那条著名的电文——"上帝创造了何等的奇迹！"为这条线路的运营正式拉开了帷幕。

电报行业很快获得成功并迅速发展壮大。但是，随着取得莫尔斯专利开发权的个体电报公司不断增加，信息在从一家公司向另一家公司发送时出现了麻烦。因此很快出现了一种合并的趋势，1851 年成立的密西西比河谷印刷电报公司（Mississippi Valley Printing Telegraph Company）就是其中之一，此后不久，这家公司又变成了西联电报公司（Western Union Telegraph Company），公司的创始人之一埃兹拉·康奈尔曾经使用玻璃门把手作为绝缘体，为莫尔斯的第一封电报搭建了线路，后来他用自己的财产建立了康奈尔大学。

在电报出现之前，报纸是表达观点、传达和解释新闻报道的一种主要媒介。在 19 世纪 30 年代后期，为了在竞争中获得哪怕一点点优势，《纽约先驱报》（New York Herald）的出版商詹姆斯·戈登·本内特（James Gordon Bennett）开始采取一种做法，即派遣快艇去迎接来自欧洲的船只，这样，船上搭载的新闻报道在这些航船靠岸前数小时，就已经被送到了报纸编辑室。电报迅速影响了新闻业的工作方式，它能够真实地做到在新闻发生时就进行报道。1848 年，为了分摊使用电报的费用，美联社（Associated Press）成立了。在英国，保罗·朱利叶斯·路透（Paul Julius Reuter）开展了一项深入欧洲大陆的新闻通信业务，在还没有铺设电报线路的地方使用信鸽通信。在经过一些令人沮丧的初步努力之后，大西洋电缆于 1866 年终于永久性地安装到位，此后国际新闻几乎可以像国内新闻一样迅速地被报道。

1899 年，"哥伦比亚号"（Columbia）和"三叶草号"（Shamrock）游艇之间即将举行一场"美国杯"比赛，比赛场地位于离纽约长岛（Long Island）和新泽西海岸有一段距离的海面上，世界各地的报纸都在计划报道这一比赛的进展。早先的游艇比赛是这样进行报道的：在停泊在航道附近的船只上搭设电报线路，连接到海岸上的某处，通过电报来报道。然而，从父亲那里接手并成为《纽约先驱报》出版商的小詹姆斯·戈登·本内特（James Gordon Bennett, Jr.）心中，却有一个不同的计划。本内特是一位狂热的赛艇比赛爱好者，他听说有一位在英国工作的意大利-爱尔兰血统发明家古列尔莫·马尔科尼早些年在报道赛艇时使用了一项新的通信技术，叫无线电报（wireless telegraphy）。于是马尔科尼应邀来到纽约搭建他的技术系统，报道"美国杯"比赛。

马尔科尼的方案是这样的：从停在三角形航线其中一条边的两条船上，向位于曼哈顿中心和新泽西的接收器发送无线电信息。通过这些接收点，每一分钟的比赛信息都可以通过传统的电报和线路传送到大陆和海洋对岸的各个地方。观众们通过张贴在《纽约先驱报》办公室和城市其他地方的《马尔科尼快讯》（"Marconi bulletins"）关注比赛，就好像他们正在现场观看一样及时。马尔科尼一夜之间成了名人，他开始构想发明一种能够改变世界的新技术。

就像所有新技术都会面临的情况那样，无线电通信仍存在缺点和限制，更有许多竞争者对这些问题加以指责。一方面，信息传输过程中受到了静噪和其他噪声的干扰，使得人们很难听清传递的信息。另一方面，这样的信息传输并不私密，任何有接收装置的人，只要调到合适的频率，都可以偷听。例如，当《纽约先驱报》投入资金来实施马尔科尼关于无线通信的想法时，他们并不希望竞争对手能窃听到报道信息，甚至抢先报道。马尔科尼的设想是搭建出一套只向指定用户发送清楚明确的信号的无线电报系统。该目标明确了马尔科尼和其他人需要着手解决的问题，但与此同时，美国海军采用了这项新技术，将其作为海上船只互相交流的方式。贸易船只很快也装备了无线设备，这样一来，在没有物理甚至视觉接触的情况下，人们也可以互相交流了。

1912 年，能携带这些无线接收和发送装置的航船只有"泰坦尼克号"（Titanic）。后来，当这艘船在 4 月 14 日晚上撞上冰山时，它通过无线电系统反复发出 SOS 求救信号。但是，附近最有可能接收到这条信息的船只，其操作员大都已不在岗，因此这一遇险信号基本无人听到。在泰坦尼克号沉船的余波中，联邦无线通信法规很快强制生效。船上不再只配备一名操作员，而是至少要有两名操作员随船航行，这样当紧急情况出现时就可以随时监控到无线信号了。

1912 年的《无线电法案》（The Radio Act）对陆上的非专业无线电操作员做出了严格的限制，因为这一群体在无线电通信领域逐渐壮大，并且被众人嫌恶。因为他们发送的信号会干扰更为重要的通信，例如船只和海岸之间的通信。根据法律规定，求救信号相比其他信号享有优先权。所有的无线电操作员都必须有执照，业余人士被迫只能被动地收听信号。他们只能发送无线电波长度不超过 200 米的短波。长波无线电因其能够用于长距离通信，而更受欢迎一些。然而，它们并不能向指定方向发射，而是向四面八方辐射，使得大范围内的接收器可以收听或者窃听，这就是广播。

无线电的这一特性在美国电话电报公司（American Telephone & Telegraph）这样的大企业看来无疑是需要克服的缺陷，因为他们想要实现特定发送者和接收者之间的声音信号传输，这样才能使无线技术具有商业价值。然而，一些独立发明家和企业家看到了另一片市场，他们致力于发展给全天下的家庭和个人传递新闻和音乐的技术，例如李·德福雷斯特（Lee De Forest），他发明的真空管是开发高效无线电接收装置的关键产品。1910年，德福雷斯特向纽约地区广播了大都会歌剧院（Metropolitan Opera）恩里科·卡鲁索（Enrico Caruso）的现场表演。1915年，他每晚按时广播自己工厂里的留声机播放的音乐。由于在广播的同时，他也宣传了自己的设备，因此可以说他是第一个通过广播打广告的人。

在第一次世界大战中，无线电通信发挥了重要的作用。出于防卫的考虑，民间的无线电站被政府关停，操作员们则被鼓励去登记从军。直到1919年末，他们才怀着从战争中收获的新的热情和新的技术知识回到平时的岗位上来。新技术也使得全国各地的人们只待在家里的起居室或其他任何地方就可以收听新闻和娱乐广播。因为此时的广播还需要用电池提供直流电，所以人们无论在室内或室外都一样可以收听广播。尽管有些广播设备庞大且难以携带，但是也有一些在当时可以说是令人惊奇的轻巧便携。不过，它们通常需要沉重的电池，而且架设定向天线以便有效地接收信号也是一个问题。在20世纪20年代早期，很少有广播设备装有扬声器，因此耳机往往是收听广播内容必需的辅助设备。

弗兰克·康拉德（Frank Conrad）是20世纪20年代的著名广播员之一，他在匹兹堡的西屋电气公司工作。在空余时间里，他作为业余播音员不仅播送留声机音乐，还会定期播送现场的演出。当地的一家百货公司开始推广广播接收器的好处：只需要花费10美元，就可以收听康拉德的音乐节目。很快，西屋电气公司也看到了广播接收器这一全新市场。公司支持康拉德在工厂修建一个功率更大的广播站，更加频繁地进行广播。广播站及时完工并广播了 1920 年的总统选举结果。这一新闻事件随后被民间广播站传播到了全国各地。与此同时，报纸则普遍对这一可能把它们挤出市场的新技术闭口不言。

正是业余无线电操作员和人们的口口相传，推动了 20 世纪 20 年代初期的广播热潮。收音机的销售额以惊人的速度增长，从 1922 年的 0.6 亿美元增长到 1924 年的 3.5 亿美元以上。全国各地的美国人都在收听广播，整个国家发生了翻天覆地的改变。新闻可以在事件发生时及时传播，听音乐也不再需要购买唱片和用于播放音乐的留声机，各地的体育粉丝则可以像亲临体育场馆一样追踪体育赛事。农场和城市的生活也发生了变化。导向这一切的这项现代技术常常以赤裸的管子、线路、表盘和天线的样子，骄傲地展现在孤独的听众抑或聚集到一起前来体验的众人面前，像魔法一样，从什么也没有的虚空中传出广播的声响。"无线"这个名词，原本暗指的是点对点的通信，但是由于人们从广播站向四面八方发出的信号中收获了乐趣和益处，因此最后它被"广播"一词取代了。

在人们体验过这一新科技之后，与广播相对的电视慢慢开始成为新的传播媒介。最初，它的系统是有线的，那是因为在电视出现的早期阶段，信号发射站数量很少，而且由于大部分人都想享受这一新科技，因此信号接收质量也很差。最早的社区天线系统出现在宾夕法尼亚州山区的小镇，埃德·帕森斯（Ed Parsons）则在俄勒冈州哥伦比亚河河口的捕鱼小镇阿斯托里亚（Astoria）搭建了自己的系统。帕森斯做过许多尝试，既出售通信设备，也经营着一家当地的广播电台。后来他的妻子敦促他让自己的社区也能用上电视信号，于是在 20 世纪 40 年代后期，他设计了一套系统，通过这套系统，帕森斯吸引了一家西雅图当地的电视台，顾客只要从帕森斯那里购买设备，就可以通过线路观看节目。当然，到了20世纪的最后十年，即使在只能接收当地电视台和电视网络附属公司信号的社区里，有线电视也可以为用户提供几十个频道，但它也面临着来自无线电视的日益增长的竞争压力。与它相比，无线电视能通过卫星天线接收到更多频道，而且在机器越来越精巧的情况下，无线电视的尺寸也在日益缩小。

1924年在建的特拉华河大桥（Delaware River Bridge，现名为本杰明·富兰克林大桥［Benjamin Franklin Bridge］）第一次通车时进行广播的场景

20世纪80年代末90年代初，个人计算机逐渐通过线路互相连通起来，但这也成为安装和移动计算机设备的障碍。因特网和万维网已经成为计算机之间联系的固定方式，并且它们提供了一种与广播相似的媒介，任何有计算机终端的人都可以在其中漫游。办公室和家里的过道、墙壁和地板都

　　　　　　　　　　　再造世界｜工程师的冒险

布满了缆线，这些缆线连接了电话、以太网和光纤，光纤的安装也越来越不需要精巧的技艺，直接暴露在外也没关系。

因此，有线的计算机沟通网络形成了，发明家和工程师面临着与马尔科尼当年类似的挑战，那就是如何用无线的方式实现个人计算机之间的交流，并且有时还要保持私密性。移动电话有效地实现了当初马尔科尼关于点对点无线通信的梦想，因此计算机用户们也可以期待，在不远的将来会出现移动计算机，它们可以从空中接收信号，就像人们现在通勤时可以在车中收听甚至参与国外的广播脱口秀节目一样。然而，下一项新技术的具体形式是我们现在很难想象的，因为类似有线与无线之间的这种张力，将会一直以一种科技人员自己也没有完全领会的方式牵引着他们前进。我们唯一可以确定的事情就是，不论技术的演进是有线的还是无线的，这一过程都曾经并将一直充满惊喜、希望和意外。

12

蒸汽的利用

古希腊人就已经知晓了蒸汽机的基本元素。在 2100 多年前，亚历山德里亚（Alexandria）的克泰西比乌斯（Ctesibius）发明了用于抽水的活塞和汽缸，而他的同胞希罗（Hero）则能够利用蒸汽进行机械运动，不过主要还是用于驱动玩具和其他娱乐设施。尽管现代蒸汽机的发展普遍被认为起源于 18 世纪早期托马斯·纽科门（Thomas Newcomen）的发明，但是这种认识过于简单化了。就像工程界所有的成就一样，纽科门的蒸汽发动机也建立在过去很长时间以来各地出现的重要技术突破的基础上。以蒸汽发动机为例，特别是 17 世纪的一些事件奠定了重要的基础，并预示了 19 世纪和 20 世纪某些不祥的发展历程。

萨洛蒙·德·考斯（Salomon de Caus）是一位出生于法国的工程师，他的工作范围从辅导威尔士亲王到美化海德堡城堡的花园，不一而足。在众多种类的工作中，他设计过一种方案，可以使得球形容器中产生的蒸汽将装饰性喷泉的水流喷射到相当高的位置。中世纪以后，德国人奥托·冯·居里克（Otto von Guericke）证明了直径 20 英寸且配有活塞的真空气缸的力量：50 个人都没法对抗活塞的吸力。数年后，冯·居里克进行了一次更为著名的证明实验，两个中空的半球壳合并在一起并抽成真空，几支马队都无法将它们拉开。大约在同一时期，英国伍斯特（Worcester）的发明家侯爵爱德华·萨默塞特（Edward Somerset）设计了一种蒸汽驱动的水泵，被称为"水力指挥机"，据报道，它可以将水柱抬至 40 英尺高。

17 世纪末，在人们逃离法国的宗教迫害之前，德尼·帕潘（Denis Papin）曾在巴黎短暂地担任过荷兰人克里斯蒂安·惠更斯（Christiaan Huygens）的研究助理。在那里，帕潘观察了惠更斯使用火药发动机进行的一些实验，这些实验设备是内燃机概念的前身，后来帕潘也尝试过这一发明路径，但最终他开始利用蒸汽这种更安全的动力来源。他的发动机在封闭的汽缸下用火加热容器内的水直到产生蒸汽驱动活塞。随后移除火源，使蒸汽冷凝，从而制造出真空环境，让活塞回到初始位置。1698 年，英国的采矿工程师托马斯·萨弗里（Thomas Savery）注册了一项蒸汽泵专利，它能把水抬升到 55 英尺的高处。然而，因为很多矿的深度要远大于此，萨弗里的"矿工之友"更多被用来给伦敦地区楼房的高层供水。这种设备的缺点包括使用过程中由于需要依赖大气压而产生的一些限制，以及面临使用高压蒸汽会导致锅炉爆炸的危险。

托马斯·纽科门根据 17 世纪发展得来的经验对其进行了改进，他不仅注意到了可取之处，也没有忽视那些对深矿抽水不利的因素。他设计的方案只需要稍高于大气压力的蒸汽压力就能抬起活塞，用水来冷凝汽缸内

再造世界 | 工程师的冒险

的蒸汽之后，大气压将活塞压入真空汽缸，从而完成循环。认识到纽科门的发动机的优越之处后，萨弗里允许所有"以火为推动力"的抽水设备使用自己的专利，以换取与纽科门合作生产新发动机的机会。

尽管纽科门的蒸汽机可以十分有效地从矿井中抽水，以至于被认为振兴了英格兰中北部的采矿业，但它也有自己的缺点和局限。这当中最主要的就是它对能源的利用率较低，因为整个汽缸在每一次循环时都要通过交替加热和冷却来产生和冷凝蒸汽。一些批评者估计，燃料产生的热量中超过90%都被浪费了。另一些人则更加夸张："你需要用一整座铁矿才能造出一台纽科门发动机，再用一整座煤矿才能让它运行起来。"苏格兰出生的詹姆斯·瓦特在18世纪末设计出了与汽缸本身分离的压缩单元，解决了这一问题。通过这种方式，汽缸可以保持相对稳定的温度，能量也就不会在每次循环时被浪费。瓦特最早设计出的发动机只需要消耗原来所需的一半燃料，就可以完成相同的工作。

然而，18世纪末蒸汽机主要作为水泵使用，原因是它们只能在活塞向下运动的过程中，通过摇杆向上转动以带动柔性链条来提供上升的力。这种有限的垂直单向运动使得纽科门蒸汽机无法用于工厂里的机械，因为它们需要像水轮那样进行持续性的旋转运动。为了弥补这一缺陷，瓦特设计了一种双向汽缸，蒸汽可以交替从封闭活塞的两侧进入和释放。在蒸汽机摇杆的另一侧，瓦特用刚性连杆和齿轮代替了柔性链条，将原来的往复运动转换为旋转运动。这种改进引起了英国棉花产业的注意，这一行业正是当时使用自动机械的主力军。由于不再依赖水力，因此制造商们能够并且也开始扩大工厂规模，并把厂址搬到靠近原材料和劳动力的港口城市等地。

在没有热力工程学帮助的情况下，蒸汽机从最初的猎奇制品发展成了工业和社会的塑造者。人们为提高瓦特蒸汽机 5% 的极低热效率所付出的努力，也推动了法国机械工程师尼古拉-莱昂纳尔-萨迪·卡诺（Nicolas-Léonard-Sadi Carnot）的理论研究。直到 19 世纪中叶，热力学研究才开始对蒸汽机的设计产生影响，但这并不意味着科技进步总是领先于热力学研究的成熟。

在开发蒸汽机时，瓦特在与马修·博尔顿（Matthew Boulton）的合作中受益匪浅，博尔顿先进的制铁厂拥有技艺高超的工匠，他们操作着质量顶尖的机械。正是博尔顿的企业家意识使他察觉到旋转动力的市场，因此他坚定地认为瓦特应该开发这样的发动机。有博尔顿负责合作中的财务工作，瓦特的研发工作得到了坚实的支持。他进一步改造了蒸汽机，还完成了其他发明，例如离心式调速机和记录发动机输出功率的指示器，由此也为计算专利所有者应得的使用费提供了方法。为了比较不同的发动机，瓦特创造了"马力"（horsepower）一词，并将其设定为 33000 英尺磅*每分钟，这是他通过计算得出的一匹酿酒厂的马可以达到的功率。博尔顿成功将瓦特 1769 年申请的独立冷凝器专利向国会申请延期至 18 世纪末。因此，瓦特和博尔顿不需要担心 1783 年原始专利到期之前就要收回投资的问题，二人实现了可观的财务收益。

经设计，瓦特的蒸汽机可以在高于大气压 7 磅每平方英寸的环境中使用，但是因为锅炉中常常会积聚远高于此的气压，所以蒸汽机仍然是具有

---

* 英尺磅（foot-pound）是功的单位，1 英尺磅约合 1.36 焦耳。——编者注

危险性的。事实上，帕潘发明的压力阀和瓦特的飞球调速器都是用来防止机械失控的。随着时间的推移，人们已经可以制造出更牢固、更防漏的机械设备，也就可以造出更加耐压的蒸汽机。但是，无论设计出什么安全保险装置来限制转速并防止机器超压，一些操作员都会选择捆住泄压阀或在确保安全的前提下选择其他操作方式。

1850 年之前，得益于像罗伯特·富尔顿（Robert Fulton）和理查德·特里维西克（Richard Trevithick）这样的人，蒸汽机不仅被用作工厂的动力来源，而且作为蒸汽船和火车机车的动力来源，蒸汽机也得到了广泛使用。这一时期，人们常常会草率地把气压加到大气压的好几倍，爆炸事故时有发生。蒸汽船船长尤其喜欢把发动机加压到超出合理范围的程度，以追求更快的船速。早在 1824 年，就已经有人呼吁推出限制性的联邦法案。同年成立于费城的富兰克林学会（Franklin Institute），在自己的会刊上大篇幅地发表与锅炉爆炸相关的文章。到了 19 世纪 30 年代早期，学会受到政府基金的赞助，置了锅炉测试需要用到的实验设备，他们以得出的实验报告作为参考，帮助政府在 1838 年出台了相关的联邦法规。法规规定蒸汽机需要配有专职的锅炉检查员，但是却没有制定任何明确的检验标准，因此最终没能有效地减少蒸汽船爆炸事故的发生。持续不断的事故最终使得国会在 1852 创立了联合监管机构。这一联邦管制措施确实减少了蒸汽船事故引发的伤亡，但对工厂固定式蒸汽机的操作仍没有得到管控。

正如其他许多不再新颖的技术一样，蒸汽驱动逐渐显得稀松平常起来，其潜在的危险大多都被忽视了，或至少可以说被最小化了。尽管锅炉爆炸在工厂和各地的水路运输中时有发生，但 1854 年在康涅狄格州哈特福德（Hartford）发生的一起小事故不同寻常地激起了更多的关注。3 月 2 日，菲尔斯 & 格雷汽车工厂（Fales & Gray Car Works）车间里的一台锅炉发生了爆炸，造成 9 人当场死亡，随后还有 12 人因伤去世，55 人重伤。针对此事的调查马上开始，但是直到 10 年后康涅狄格州才出台了锅炉监管的法规。

这起事故更重要的影响，是它促使哈特福德几位与蒸汽动力使用相关的商人在 1857 年成立了理工俱乐部（Polytechnic Club）。俱乐部支持针对蒸汽性质和锅炉爆炸原因的科学研究，他们不接受当时流行的迷信和旧理论，比如爆炸是上帝的行为，锅炉里有恶魔，或者氢元素和氧元素再度结合引发爆炸等。他们理性地总结为，当蒸汽压超出锅炉的承受范围时，就会发生爆炸。只要使用可靠的材料、安全的设计，并对锅炉上的薄弱处和变性处定期进行排查和修补，就可以减少类似事故的发生。当时英国已经出现了预防蒸汽锅炉爆炸协会（Association for the Prevention of Steam Boiler Explosions）和锅炉保险与蒸汽动力公司（Boiler Insurance and Steam Power Company），后者不仅会对锅炉进行检查，还会对客户的损失进行赔偿。在理工俱乐部正在美国开展类似的实践时，美国内战的爆发导致俱乐部解散。

1865 年，发生了另一起影响重大的锅炉爆炸事故。密西西比河上的一艘蒸汽船"苏尔塔纳号"（Sultana）严重超载，载客达 2200 人，大部分都是刚在阿波马托克斯（Appomattox）的南方邦联军队投降后重获自由的北方联邦士兵。各方估计的死亡人数在 1200 人至 1500 人之间，这使得这起事故成为当时美国有史以来最严重的海难。"苏尔塔纳号"事故使得一些理工俱乐部的成员又开始关注并讨论这一问题，他们在 1866 年组建并成立了哈特福德蒸汽锅炉检验与保险公司（Hartford Steam Boiler Inspection and Insurance Company）。不久之后，这家公司开始向工厂主提供包括监督蒸汽锅炉选材、建造和安装在内的多种服务。它还成立了工程部门，帮助投保人进行锅炉设计。市政府和州政府也开始允许这家公司代替他们进行检查工作。

然而，锅炉爆炸事故仍在发生，由于担心这一缺陷会阻碍技术发展，因此一群工程师于 1880 年组建了美国机械工程师协会（American Society of Mechanical Engineers，简称 ASME）。协会的建立者还关注螺母螺栓上的螺纹标准的确立以及检验钢铁强度的流程。

ASME 早在 1884 年就制定了一份名为《蒸汽锅炉试验的标准方法》（"Standard Method for Steam Boiler Trails"）的行业规范，并且发表了论文和报告，为编写全面的锅炉操作规范提供参考资料。而当时尽管全国每年都会发生几百起爆炸事故，但还是没有任何一个州出台固定式蒸汽机的规范。新英格兰的立法机构为自己的不作为给出的理由是他们相信哈特福德的公司实际上已经消除了隐患。直到 1905 年，马萨诸塞州布罗克顿（Brockton）的一家制鞋厂发生了锅炉事故，造成 58 人死亡，117 人受伤，以及 25 万美元的经济损失，这一情况才得到改变。

一年后，在马萨诸塞州林恩（Lynn）发生的爆炸事故使得蒸汽锅炉问题成为惹眼的政治问题。马萨诸塞州很快通过了规范蒸汽锅炉的法规，这也促使 ASME 的成员们加快发布工程专业而非政府层面的规范。第一份 ASME《锅炉规范》（"Boiler Code"）共 148 页，出版日期虽然标为 1914 年，而实际上直到 1915 年才正式得到通过。它体现了专业学会和保险公司的共同努力。

在民用核能得到推广之前，ASME 的《锅炉和压力容器规范》（"Boiler and Pressure Vessel Code"）已经发展得非常完善。自然而然地，人们拓展了它的内容，加入了与核电站相关的部分。现在，这本规范已经大到可以填满 3 英尺高的书架，ASME 会在自己的月刊《机械工程》上发布规范委员会会议的公告和文件草案，征询公众的意见和评论，并发布与规范相关的疑问和回应。

到 1970 年为止，ASME 的《锅炉和压力容器规范》平均每年吸引约 1.4 万人进行查询，而从一开始，这份规范的制订、扩展和维护主要都是由 ASME 委员会的成员们志愿完成的，因此可能存在利益冲突。批评者质疑工厂主的员工加入委员会后是否能公正地规范行业，毕竟这是他们赖以谋生的行业。ASME 的领导者对此回应称，专业的工程标准要求个人为了共同利益摒弃个人得失。然而，不久之后发生的一件事情让这一断言长久地蒙上了一层阴影。

1972 年，ASME 收到一封信，要求其解释规范中关于锅炉供水指示装置的内容。这封信之所以引人关注，是因为它是由 ASME 下设的供热锅炉委员会的主席和副主席起草的。他们分别是哈特福德蒸汽锅炉检验与保险公司的副主席和麦克唐纳 & 米勒公司（McDonnell & Miller）的研发副主席，后者所在的公司是美国供热锅炉安全控制领域的龙头。有人声称，供热锅炉委员会的主席亲笔回复的回信被麦克唐纳 & 米勒公司的销售员利用，以损害他们的竞争对手海德莱文公司（Hydrolevel Corporation）生产的供水指示装置的声誉。而当海德莱文公司向 ASME 投诉时，回信人依然是供热锅炉委员会的主席，当时是由麦克唐纳 & 米勒公司的研发副主席担任。

此事被《华尔街日报》（*The Wall Street Journal*）报道，于是 1975 年美国参议院反垄断委员会（Subcommittee on Antitrust and Monopoly）举行了听证会。海德莱文公司起诉了 ASME、哈特福德蒸汽锅炉检验与保险公司、麦克唐纳 & 米勒公司的母公司和国际电话电报公司（International Telephone & Telegraph Company）。1978 年，海德莱文公司与后两名被告在庭外达成和解，但是 ASME 依然不依不饶地反对有关合谋抵制海德莱文公司、违反反垄断法的指控。最终 ASME 败诉，1979 年美国联邦地方法庭判决 ASME 有罪，并且评估了对原告造成的财产损失，约 750 万美元。这笔钱数额巨大，但比学会每年出售规范和标准相关的出版物所获得的收入还要略少一些。该案件又一直上诉到美国最高法院（U.S. Supreme Court），1982 年 ASME 的上诉最终被驳回。

海德莱文一案在 ASME《锅炉和压力容器规范》发布 80 年的历史中实属反常，总体来说，现代蒸汽和其他能源工业的安全保障很大程度上是得益于该法案的。这一点在 1979 年三里岛核电站的冷却液泄漏事故中得到了戏剧性的证明。该核电站是完全按照规范设计建造的，虽然在事故中出现了设备故障和人为故障，但其造成的结果在严重程度上远不及 19 世纪频繁发生的工厂和蒸汽船事故。现在，蒸汽锅炉在公共场所和工作场合已经难觅踪影，它们隐身于暗处，沉默、高效又安全地运行着。全国各地的锅炉和压力容器，或给摩天大楼供热取暖，或给千家万户提供热水，已经如蒸汽动力的先驱们梦想的那样，成为人类稳定可靠的帮手。

13

大东方号

数年前，一次去往伦敦的旅途中，我曾在国家肖像美术馆的礼品店小作逗留，打算买一些悬挂在馆内的维多利亚时代伟大工程师们的肖像画的明信片复制品。其中一张明信片上印有伊桑巴德·金德姆·布鲁内尔，他头戴绅士帽，身穿马甲，裤子和靴子都沾上了泥巴，嘴上叼着雪茄，手插口袋，显得心不在焉又轻松自在。他用一种奇怪的姿势站立着，既庄重又休闲，看似注视着镜头，但又在想着什么别的事情，他身后的背景是巨大的铁链。这是我跨越大西洋最想带回家的一张明信片。普林斯·菲利普（Prince Philip）认为他应该被看作土木工程行业的英雄人物。他这一著名的照片在介绍早期摄影技术和工程的相关图书里多次出现。它是如此受欢迎，以至于当天礼品店的库存已经卖光了。货架上摆放着一排排英国英雄的明信片，或许有几千张之多，从艺术家到作家到国王和王后都有，但贴着布鲁内尔的标签的凹槽是仅有的六个空着的凹槽中的一个。当我到前台咨询这张明信片能否补货时，被告知它的需求量很大，已经缺货好几周了。显然，我不是唯一一个对这张明信片感兴趣的人。

布鲁内尔之所以在19世纪众多伟大的英国工程师中脱颖而出，主要得益于他所取得成就的范围和影响力，值得一提的是，这很可能是因为他在早年间受到了父亲的鼓励。马克·伊桑巴德·布鲁内尔（Marc Isambard Brunel）1769年出生于法国。作为一名保皇派，他在1793年愈演愈烈的革命浪潮中逃离法国，乘船到达纽约，并且很快就参与到哈德逊河与尚普兰湖之间的运河线路的调研中。老布鲁内尔在华盛顿为议会设计的一栋建筑获了奖，但并没有实际修建；不过，这份设计后来经过修改，据其建成了一家剧院。在取得美国公民身份后，老布鲁内尔成为纽约地区的首席工程师，因此，他负责设计了新的加农炮铸造厂，还参与了长岛和斯塔滕岛（Staten Island）防御工事的设计。

有一次，老布鲁内尔偶然碰见了另一位流亡的法国人，之后他迷上了船缆所需要的零部件的制造，还设计出了一种新方法，许诺能给英国海军部节省一大笔钱。到了1799年，索菲娅·金德姆（Sophia Kingdom）——一个被囚禁于法国的英国女人——回到了她的祖国，而老布鲁内尔也趁便登上了去往英国的轮船，而且和索菲娅一直保持着跨越大西洋的书信联络，在那年年底之前两人就结婚了。老布鲁内尔最终在英国被封为爵士，并在那里去世。

老布鲁内尔和索菲娅的儿子伊桑巴德·金德姆·布鲁内尔出生于1806年，幼年就展现出在绘画、数学和机械方面的天赋。他在英国的寄宿学校接受教育之后，被送往法国上大学，并在一个钟表和科学器械制造商那里做学徒。16岁的时候，年轻的布鲁内尔回到英国，在他父亲的手下工作。

还不到 20 岁，这位年轻人就已经是负责泰晤士河（River Thames）水下隧道项目的工程师了，他的父亲为这条隧道设计了盾构，用于保护工人和支撑挖掘工作，直到砌好砖墙为止。这项工作进行得十分缓慢，但是这个惊人的奇观使得参观者被允许进入部分完工的隧道，感受水下的新奇体验，并观看工人们的辛勤劳作。门票价格是一先令，这些收入也帮助安抚了失去耐心的投资者们。

隧道挖掘工作在越来越恶劣的土壤条件下进行着，直到开挖的第 2 年，挖掘工人们离泰晤士河的河床似乎已经只隔着一层松散的碎石。终于，河水涌了进来，尽管盾构和已经铺设完成的砖墙足够坚固，隧道没有发生彻底的坍塌，隧道里的所有人也都逃离了涌入的河水，但在潜水钟上检查损坏情况时，布鲁内尔发现河床上有一处巨大的塌陷，直通到隧道。成吨的泥土被倒入河里，用于填补这个窟窿，最终将它封住，并将隧道中的水全部排空。1827 年 11 月，一切都被清理干净了，为了庆祝，年轻的布鲁内尔在河面下组织了一场盛大的晚宴。在其中一截隧道里，50 位尊贵的宾客在深红的帷幔、燃气烛台和身穿制服的乐队演奏的音乐声中举杯宴饮。在相邻的另一截隧道中，120 名挖掘隧道的工人们也在宴饮庆祝。一位不知名的画家绘制了这场宴会的画面，这幅画和布鲁内尔在铁链前的那张照片一样令人震撼。尽管这两幅画都和成功以前的失败和挫折有关，但这位工程师的声名似乎并没有受到任何影响。

隧道的工作已经恢复并小心翼翼地进行着，但是就在宴会举办仅仅两个月以后，河水又一次涌入。这一次，几位工人溺水而亡，布鲁内尔本人则侥幸活了下来。他的腿受伤了，随后由于太快复工，再加上未确诊的内伤复发，他的病情再次加重。他卧床休息了很长一段时间，这给了他很多时间去思考那个失败的项目，以及这次糟糕的尝试对一个年轻工程师的声誉造成的损害。那些掌控着泰晤士隧道（Thames Tunnel）经济利益的人用砖重新砌好盾构，将水下的空间作为景点向游客开放。隧道的挖掘工作好几年都没有恢复，之后在老布鲁内尔的监督下重新开工，因为他的儿子已经转而接手了新的项目。

在隧道发生第二次事故之后，精疲力竭的布鲁内尔被送到克利夫顿（Clifton），在位于内陆港口城市布里斯托尔上游的高地上休养，也正是在这里他取得了自己独立完成的第一个成就。他成为埃文河（Avon River）河谷悬索桥设计竞赛的最终四强，但是他和其他参赛者的作品都被托马斯·特尔福德（Thomas Telford）否决了。特尔福德因设计了穿过梅奈海峡的创纪录的 579 英尺跨度的大桥而成为专家。特尔福德也被邀请亲自进行设计，他的方案中包含了从峡谷河床拔地而起的高耸的哥特式桥塔，想必是为了缩小桥的跨距，不至于超过梅奈海峡。面对特尔福德惊世骇俗的提案，桥梁委员会感到很为难，并在 1830 年召开了第二次公开竞标。布鲁内尔提交了一份新设计，其桥塔部分受到典型的埃及风格的影响。这份设计的这一部分被接受了，因为其他的竞标者都在强调他们的铸铁悬索，却忽视了设计风格。但是，主要出于经济原因，有生之年布鲁内尔并未建成悬索桥。不过为了纪念他，他最初的几份设计之一经过轻微的改动后，据其建成了克利夫顿悬索桥（Clifton Suspension Bridge），这座桥在 1864 年开放，作为世界上最壮观的大跨桥梁之一，目前仍在使用。

1835 年年底将近，布鲁内尔抽出时间，在他忽略已久的日记中写道自已近些年来确实太忙碌了。他结算了一下经手的资金，这位29岁的工程师发现其金额已经超过了500万英镑。悬索桥和码头工程只占据了金额总数的一小部分，主要部分则是铁路工程。确实，布鲁内尔所主持的最杰出的工程正是大西部铁路（Great Western Railway，简称大西铁），它不仅连接了伦敦和布里斯托尔，并且还延伸到更加遥远的西部。

"大西铁"是这一成就如今被人们熟知的名字，它被称为"布鲁内尔的台球桌"，因为铁路全程陡峭处很少。这条铁路的建设给了工程师机会去尝试更大胆的设计。在布鲁内尔要建成如此平缓的铁路所面对的挑战中，其中之一就是在梅登黑德（Maidenhead）跨越泰晤士河时要设计的低矮桥梁。他选择了一种砖石拱桥，从来没有人在这样的跨度和水深中进行过尝试，评论家们都说一旦拆除脚手架，桥拱就会坍塌。但这并未发生，而且这座著名的桥今天仍在使用。他还建造了2英里长的箱型隧道，这是当时最长的火车隧道。除了它的技术成就，该隧道还因为它的朝向而闻名：据说，一年之中只有一个早上，太阳光会穿过这条隧道，即4月9日，而这天恰巧就是布鲁内尔的生日。显然这样的事情在六个月后也必然会发生一次，但这一天文学事实并不能阻止崇拜者们一遍遍重复这个他们相信一年发生一次的故事。

布鲁内尔赋予他主持修建的铁路的特点之一——宽阔的轨距，并没有留存下来。当时他刚刚开始铺设铁轨，早期的铁路大多都使用"标准"的4英尺8.5英寸的轨距，据说这是源于以前马匹在铁轨中间拉矿石货物所需的距离。布鲁内尔从一开始就极力主张拓宽铁轨，去适应火车车厢和巨大的车轮，以便降低火车重心，让运行更加平稳，费用上也更节约。然而，他那奇特的 7 英尺轨距最后被证实并不方便，因为铁路已经逐渐互相连接起来。在 19 世纪末之前，那些宽阔的铁轨就会完全被更窄的标准铁轨取代了。

布鲁内尔在轨距以及他的工程项目的技术细节的选择中占据上风的能力，以及坚守自己声誉的能力，都体现了他强大的个性。他的这种品质直到今天还存活在大众的记忆里，同时他在英国还是个真正的民间英雄。最近一期《经济学人》(*The Economist*) 刊载了一个故事，讲述了英国政府在鼓励私人企业修建新道路和新铁路时面临的挫折。这本具有影响力的杂志表示，19 世纪那些由一心扑在特定项目上的工程师导致的工程灾难在民间留下的记忆，促使工程学与大型交通项目的产权和运营完全划分开来，这是令人惋惜的。杂志的这篇文章标题为《寻找布鲁内尔先生》("Looking for Mr. Brunel")，文章在表明今天的工程师们或许应该追随前辈未竟的事业时，写道：

> 伊桑巴德·金德姆·布鲁内尔，以嘴里叼着雪茄、裤子上沾满泥巴的照片而闻名，比起设计铁路，他或许花费了更多的时间在与议会委员的交流上。19 世纪许多伟大的土木工程项目都是由工程师身兼数职，同时作为设计师、经理人和企业家来推进。今天的工程产业（并不能）产生布鲁内尔。现代的工程顾问是技术员，他们和 19 世纪的实业家是如此不同，就像摄影师和电影制片人的差距一样。

令人感到惊奇的是，《经济学人》中展示的布鲁内尔的照片——通过剪裁那张著名的照片，将他和巨大锁链的背景分离开，从而将他的形象和代表着他最后一项伟大的交通工程的物品分离开。对于这个项目，他投入了大量的资金，情感上的投入也不是理性所能解释的。

这个命运多舛的项目的完整故事始于大西部铁路董事会的一次早期会议，会上有人表达了对于当时提出的创纪录的主铁路长度的一些顾虑。布鲁内尔并没有就自己的计划据理力争，据报道，他提出了自己的一个问题作为回应："为何不建得更长些，让一艘蒸汽船从布里斯托尔开往纽约，并将它命名为'大西方号'（Great Western）呢？"当时的传记作者 L. T. C. 罗尔特（L. T. C. Rolt）记录道，随着这一"荒谬提议"而来的沉默被不安的笑声打破，然后会议就解散了。但是，其中一位董事会成员把这个问题当了真，在经过一夜漫长的讨论后，布鲁内尔说服了托马斯·格比（Thomas Guppy），告诉他这一计划是可行的。在 1835 年，这是一件大功绩，依照传统认知，一艘蒸汽船不可能携带足够多的煤炭，完成跨越大西洋的航程。但在刚开始经历了一些困难后，在 1838 年，木质船体的蒸汽轮船"大西方号"在创纪录的短时间内到达了纽约港，从而彻底地颠覆了传统认知。

到 19 世纪中叶，布鲁内尔的声望已经确立，他自然而然地以各种方式加入到万国博览会的筹备工作中。在他所在的委员会，负责的任务之一是建筑设计工作。在拒绝了将近 250 份设计方案之后，委员会提出了一份布鲁内尔的设计：在砖结构的庞大基础上，加盖一个巨大的钢铁穹顶。由于不可能在博览会召开之前完成这样的建筑，再加上约瑟夫·帕克斯顿在最后关头提交了方案，提议建造一座极为简约妥当的钢铁和玻璃结构的建筑，布鲁内尔和委员会的其他成员们放弃了自己的想法，选择了这个后来被称为"水晶宫"的设计方案。布鲁内尔确实非常喜欢帕克斯顿的设计理念，以至于将其也应用在帕丁顿车站（Paddington Station）的设计建造中，那里是大西铁在伦敦的终点站。今天，布鲁内尔的雕像仍占据着帕丁顿车站的中间位置，位于进出地铁站的阶梯之间，地铁站的瓷砖墙壁上还装饰着老布鲁内尔为他的隧道挖机所画的工程图纸。

布鲁内尔设计的三艘轮船："大西方号"、"大不列颠号"以及"大东方号"

　　布鲁内尔的第二艘船是"大不列颠号"（Great Britain），它的船身由钢铁打造，动力由螺旋桨提供，曾经被闲置在福克兰群岛 *（Falkland Islands），现在被存放在布里斯托尔港口的干船坞中。尽管这是一艘精良的跨洋轮船，但它却无法携带足够航行到澳大利亚的煤炭，而且途中也没有方便补充燃料的港口。而澳大利亚当时正成为越来越重要的目的地。布鲁内尔开始思考建造一艘足够大的船来解决这一问题的可能性。在他的笔记本里，新帕丁顿车站和铁路设计的图纸中间，就是那张罗尔特形容

---

* 福克兰群岛又称马尔维纳斯群岛。1982 年，英国和阿根廷曾为该群岛发生战争，即马岛战争。该群岛现处于英国控制下。——编者注

　　　　　　　　　　　　　　　　再造世界｜工程师的冒险

为"惊人的、和纸张差不多宽、布满烟囱和
桅杆的蒸汽轮船的草图"。这张草图绘制于
1852 年 3 月 25 日，标题为"东印度蒸汽轮
船"（"East India Steamship"）。罗尔特说，后
面几页都是对巨型船只所做的各种修改，"有
各种不同的桅杆和船帆，有时既有螺旋桨也
有桨轮，有时则是两套桨轮"。最终"大东方
号"（Great Eastern）的设计甚至超过了布鲁

约翰·斯科特·罗素

内尔自己估计的最大尺寸。它有 32000 吨重，692 英尺长。（这艘船的船
身被看作巨型钢铁横梁，和当时刚刚建好的布列坦尼亚桥上的巨大钢管十
分相似。）这艘船当然有无数细节令人担心，尤其是建造的地点和出海的
方式。

19 世纪中期，约翰·斯科特·罗素（John Scott Russell）已经成为出
类拔萃的工程师和轮船设计师。罗素在米尔沃尔（Millwall）靠近泰晤士
河的狗岛*（Isle of Dogs）上经营着一家造船所。他以模型试验和船身与波
浪的相互作用研究而闻名，他的研究结果后来促成了"流线型"的船身设
计。罗素和布鲁内尔两人的道路注定要交错，后者用铅笔绘制的内容注定
要由前者用钢铁变为现实。"大东方号"是一艘相当于当时最大船只两倍
大的铁船，其排水量比十年前下水的"大不列颠号"大得多。

随着这艘船逐渐建造成型，它变得高耸入云，并成为一处旅游景点。

---

* 狗岛是伦敦泰晤士河中的一个岛。曾经贵族畋猎其间，猎犬驰骋，吠声闻于岛外，
  故名。——编者注

记者们开始撰写有关这艘逐渐成型的庞然大物的文章，最早的重要报道之一刊登在 1854 年年末的《伦敦观察家》（*London Observer*）上。布鲁内尔的名字在这篇长文中只出现了一次："布鲁内尔先生，来自东方汽轮公司的工程师，批准了这一项目。斯科特·罗素先生负责设计工作。"显然，布鲁内尔被这篇经由汽船公司广泛传播的文章激怒了，并试图找到给出错误信息的罪魁祸首，但最终也没能成功。比起布鲁内尔所希望和允许的，这篇报道将更多的功劳给了罗素。因为工作酬劳分配的相关问题，他和罗素之间的关系也紧张起来，等到轮船可以出海的时候，这两位工程师已经几乎不同彼此说话了。

"大东方号"的尺寸以及造船厂的现实情况要求船只从侧面入海，这是布鲁内尔人生中最黑暗的时刻之一。他担心，如果这艘巨轮通过底部搭建的轨道滑入海中时失去控制，会发生意外，因此他设计了一套复杂的下水流程，包括两个缠绕着防滑链条的巨大滚筒，用来保证对轮船运动的控制。届时如果出现需要停船的情况，工人们就要在长长的制动杠杆边待命。布鲁内尔的这张照片就拍摄于其中一个缠绕着

布鲁内尔站在"大东方号"的防滑链条前

链条的滚筒前（这些链条并不是有些人声称的轮船的锚链）。

人们认为，这张照片属于 1857 年 11 月 3 日轮船预定入海日之前拍摄的一组照片。摄影师是罗伯特·豪利特（Robert Howlett），人像新技

术的先锋人物。他的作品数量稀少，关于豪利特本人，人们也所知甚少，他于 1858 年去世，年仅 28 岁。他给布鲁内尔以及轮船入海日的其他场景拍摄的照片在当时十分先进，照片展示了这位工程师的穿着和习惯上的许多细节。比如布鲁内尔肩膀上那条显眼的背带，就经常被人指出，上面挂着他随身携带的一个大雪茄盒。相关的报道很多，说里面放着 50 支到 100 多支雪茄的都有，而其中一支似乎就在布鲁内尔嘴里。照片里，这位工程师看似忧虑的神情和对远方的凝视或许正好传达了他的心情，毫无疑问，他正思考着轮船入海的种种细节，已经迫不及待地要着手进行了。

然而，这艘船首先需要有个名字。他的儿子在其所写的传记中写道，"一些吹毛求疵的人认为这个名字（指'大东方号'）不可行，因为里面包含的是两个形容词"，所以公司负责人试图在最后关头更改名字。布鲁内尔显然是在准备给船组成员传递入海指令的最后关头时，被这份写满了不同名字的清单干扰到了。他那句经常被引用的不耐烦的回应是这样说的："如果你们希望这样的话，就叫它'大拇指号'（Tom Thumb）好了。"这些负责人聚到一起，指着其中一个人的女儿，一位名叫霍普的女孩，说给这艘船起名为"利维坦号"（Leviathan）。但这个名字从来没有被记住过，"大东方号"却流传了下来。

终于，到了当天最关键的时刻，由布鲁内尔一人负责发布入海的信号。届时，固定装置会被解开，链条也会松开。河上停泊的驳船上有凹槽，上面缠绕着牵引链条，岸上的绞车可以拉紧这些链条。驳船上也有绞车，船头和船尾的液压千斤顶随时待命，如果轮船卡在轨道上，就及时启动。布鲁内尔会全程负责这次操作，现场要保持绝对的安静，以确保信号能被听到。不幸的是，由于负责人同意向公众发售入场券，因此轮船入海现场变得一团糟。

现场秩序刚要稳定下来，启动信号就立即发出，轮船开始移动，船头先移动，随后船尾也马上开始移动。当链条被松开的时候，船尾的滚筒开始非常快地滚动，以至于抓着把手的人们都被抛了出去，还有一人死亡。

轮船仅仅顺着轨道移动了 4 英尺，就停了下来。如何使这艘大铁船沿着 1/12 坡度的斜坡移动完剩下的 240 英尺，成为一个急需思考的问题。当时的操作场地周围有许多闲人散客，其中一人提出建议，请 500 名军人在码头来回踏步，用产生的震动使启动后的轮船保持移动。布鲁内尔无视了这些提案，要求找来更多的液压千斤顶。

潮汐的涨落决定了再一次尝试操作的日期，下一次机会在 11 月 19 日，而当天人们却发现，轮船被卡住了。人们订购了更多的滑轮和千斤顶，但后来的几次尝试中，轮船每次也只能顺着轨道移动 8 到 10 英尺。直到 1858 年 1 月 30 日，轮船终于可以自己漂浮起来了。虽然"大东方号"终于成功入海，但是 75 万英镑的施工费早已经超出了预算一倍，而且船只内部还没有进行装修。布鲁内尔的名誉受到了沉重打击，他的个人财富损失惨重，健康也大不如前。

尽管布鲁内尔站在锁链前的照片或许是他最出名的一张，但对于乔治·埃默森（George Emmerson）来说，豪利特那天早晨拍的另一张照片也十分有趣。他为斯科特·罗素所写的修正主义风格的传记比罗尔特给布鲁内尔写的那本晚出版二十年。埃默森在传记的开头讨论了豪利特所拍照片中这唯一一张据说有罗素出现的照片。在这张照片中，布鲁内尔站在操

作台上，位于助手和合伙人中间，
"还是他那独具特色的姿态，两腿分
开，像霍尔拜因（Holbein）画中的
亨利八世*一样，拇指插在马甲口袋
里，脸微侧，嘴里叼着雪茄"。这段
描写是埃默森的手笔，他在布鲁内
尔和罗素的这场对抗中的立场，随
着他对操作台上另一位人物的描写
逐渐清晰起来：

罗素、布鲁内尔和其他人在"大东方号"
第一次入海现场

　　在布鲁内尔右边更远的地方，还站着一个人，与刚刚提到的三人
保持着一定的距离，这个人长相英俊，中等身高，身材健硕，带着一
股独有的气质。他就是约翰·斯科特·罗素——布鲁内尔在项目中的
工程师搭档，这艘大船的设计工程师和承包商。

　　现在他 49 岁，只要是制造船只或是海军聚集的地方就没有人不
知晓他的名字……他一生中最有影响力的阶段还没有到来。随着时间
的流逝，他作为热心的教育家、理想主义的社会改革家，甚至将来的
国际和平使者的一面展现出来。在领域内，他也毫无疑问是一位受人
尊敬的领袖人物。然而，他的个人选择却蒙上了一层阴影，在那张历
史照片中，他与其他人的分隔暗示了一种奇怪的对财富的反感。这种

---

* 16 世纪德国画家小汉斯·霍尔拜因（Hans Holbein，约 1497—1543）为英国国王亨
　利八世所画的画像，名为《亨利八世的肖像》。——编者注

分隔被罗尔特在他那本常被称赞的布鲁内尔传记中大书特书……但是，由于罗素颇具魅力的一生中的细节和事情从未被人研究过，这种不公正的诽谤此后就一遍遍被人不加怀疑地复述，甚至被无数书写 19 世纪工程学的记者作家们夸大。

传记作者和工程师们一样，会与他们自己的创作产生情感上的联结，一旦他们在设计方案 A 和方案 B 中做出了选择，通常很少会回头关注被剩下的那个。被选中的那份设计有优点，可以表扬，它的缺点也可以被原谅，而没有被选择的那一份，则总会被构想出更大的缺点加以批评。R. A. 布坎南（R. A. Buchanan）是英国杰出的工程历史学家，他在描写布鲁内尔时引用了罗尔特的辩护，但是埃默森在《科技与文化》中发表了一篇精彩的回复，坚守他的立场。当然，布鲁内尔和罗素都不是完人，毫无疑问的是，在建造当时世界上最大轮船的伟大工程中，他们各自的自尊心都受到了极限考验。面对一旦做出就很难回头的关键决定，和伴随出现的不可避免的挫折，每一个人都会经受耐心和毅力的双重考验。

布鲁内尔和罗素之间的紧张关系或许是合作者之间难以避免的。尽管布鲁内尔毋庸置疑是"大东方号"设计理念的奠基人，但要依靠他一个人执行，不亚于让一个建筑师独自建起一座摩天大楼。这个问题似乎普遍存在于大型建筑项目中，大量有创意的细节离不开宽泛的概念和绘图时大胆的取舍。工程学在从理念到建造的过程中伴随着一系列创造性的问题的解决工作，这一连贯的过程有许多发挥不同才华的空间。理念设计当然是必不可少的，不过接下来就需要在执行中做出细节性的决定。如果没有罗素用钢铁为"大东方号"赋形,它可能还只是布鲁内尔笔记本里的一张草图。然而,罗素所有有关波浪和船身线条的知识或许永远也不会在梦里变成一艘像"大东方号"那么大的轮船。

后来,罗素确实梦到了一个景象,但那不是一艘大船,而是一本伟大的书。经历过"大东方号"的建造之后,罗素完成了他的鸿篇巨制——《轮船建造的现代系统》(*The Modern System of Naval Architecture*)。这本分为三个部分的书于1865年在伦敦出版,并且至今它仍在一部分工程师中享有盛名。在最近一篇文章的手稿中,我讨论了19世纪人们认为的海浪作用对设计船舶大小的局限性,再现了船体引起的波峰和波谷的上浮和下沉的插图。这要感谢威廉·费尔贝恩经常复制这些图纸,他在米尔沃尔成立了船厂。他在铁壳船上的开拓性工作至少可以与罗素和布鲁内尔相提并论。我的手稿整体上受到了好评,不过其中一位审稿人对我将这张插图归功于费尔贝恩有疑惑。这位匿名的同行审稿人认为我肯定弄错了,认为这幅插图来自罗素,不过他并没有提供任何具体的引用说明。

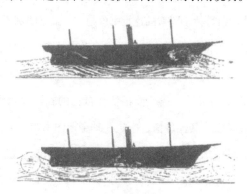

海浪上的轮船

我是从费尔贝恩同时代的《论铁船制造》（*Treatise on Iron Ship Building*）中引用的插图，不过为了了解它们实际是如何以及在何种语境下出现在罗素的作品中的，我去了图书馆进行查找。由于在杜克的馆藏中没有收获，因此我找到了工程学的图书管理员，询问他能否通过馆际借阅找到其他图书馆送来的图书，他答应了。普林斯顿图书馆愿意将罗素的书送到杜克，但他们似乎很关心这些书的用途和归还时间，杜克图书管理员认为这些担心可能是出于对图书的历史和保存情况的考虑。

　　等找到罗素这些书的资源时，我已经忙于应付另一个即将截止的项目，因此我建议推迟这些书的递送，等到我有时间处理好其他项目时再送来。第二年夏天，杜克图书管理员向普林斯顿的同行提供了必要的担保，之后对方也填写了申请表。在这个时代，稀有图书越来越少，个人和机构都显得斤斤计较、多疑、喜欢争论（尽管布鲁内尔和罗素的时代这样的现象可能更加严重），但图书馆馆际借阅系统以及通过这一系统沟通的图书管理员却从未放弃一种信念，即合作、信任和友好仍然引导着人际关系和机构关系的构建。斯科特·罗素的这批书就是一个最好的例子。

　　已经安排好将《轮船建造的现代系统》送来杜克的事之后，我就没有再去多想了。这些年来，我已经使用了太多次馆际借阅，满心期盼着罗素的书一送到工程学图书馆，我就能很快在自己的邮箱里找到它们了。那天，我一边在心里想着其他事情，一边往珀金斯图书馆走去，我经常在这里工作，同时这里也是接收所有馆际借阅图书的地方，登记之后，这些书就会被分发给各个分馆和用户。我碰巧遇到了其中一位负责馆际借阅的工作人员，他告诉我那些从普林斯顿寄来的书已经到了，或许我应该在珀金斯图书馆里使用它们。当时我只当他是随口一说，并表示还是希望像平时一样把它们送到工程学图书馆，但他却让我一定先去他的办公室看一看这些书。虽然在路上他提醒我可以借一辆手推车方便把书运回阅读室，但当我第一眼看到这些书实际的样子时，还是被吓到了。在整个讨论寻找和安排借阅《轮船建造的现代系统》一书的过程中，我和图书管理员都没有注意到这几册书的尺寸，尽管相关信息就写在图书馆记录里，与目录号和介绍信息一样显眼。不过工程师们就算每天都面对产品的尺寸，有时也会忽视尺寸对于物品功能表现和使用的影响。

《轮船建造的现代系统》作为出版物，尺寸非常大（长28英寸，宽20英寸，厚度则达到了2英寸，每一册的重量和体积都很惊人），这使得它和约翰·詹姆斯·奥杜邦（John James Audubon）的《美洲鸟类图谱》（*Birds of America*）一样不便使用。事实上，如果不是因为藏书家和学者们对维多利亚时代的机械和结构工程学图像心存偏见，认为它们不如自然历史与哲学的图像重要的话，那么罗素这本包含了许多大幅精美机械与结构图纸的书，就和奥杜邦的那本书一样，有资格放进图书馆门厅里带锁的玻璃盒子中进行展览。奥杜邦书里的鸟类绘图捕捉了大自然的美妙，而罗素书中那些摊开来可以比原书宽上好几倍的工程图纸，也捕捉到了人们想象中与创造出的世界的美丽。二者的作品都与贸易和战争有关，而罗素的轮船所传达出的艺术性、冷静和自我反思的特质，却是我从未在奥杜邦的图画中感觉到的，后者书中的那些绘画不是依据活生生的动物绘制的，而是这位博物学家将动物枪杀后，用金属丝制成骨架，再用动物的尸体摆出造型后绘制而成的。

我震惊于罗素这几本书的尺寸和美妙，也震惊于普林斯顿图书馆居然放心将它们托付给美国邮政和我。我乘电梯把这些书用推车运到楼上，结果发现我的阅读室的书桌不够大，无法将书摊开使用，于是我把它们又拿到图书馆的大桌子上。即使在这里，全部摊开的书使用起来也很困难。字体是足够大的，但是即使页边距已经很宽，那一行行文字的长度也令人痛苦不堪。我的脑袋必须来回转动，以免眼睛过于疲惫，同时我还不得不用手抓住书页左侧，以保证读完一行再读下一行时不会搞错。我没办法坐着，舒舒服服地从每一页的上边读到下边，而且每次翻页都得站起来才行。这本书一点都不符合今天所说的便于使用的标准，我一边读着序言，一边反思这件事：

> 我们渐渐老去的一代不得不在黑暗中缓慢而吃力地摸索出路，不断试错。但是在我们身上可以被原谅的错误，对于我们的后代而言就不再能被原谅，我们应传递给他们昂贵的知识和痛苦的体验，那是我们曾付出高昂的代价却又很高兴曾获得的东西，这份努力会为他们提供指引，为他们未来的发展助力。

书本设计与轮船设计或其他任何一种设计一样，需要同时兼顾过去和未来。一本书中宏伟的插图可能会主导它的设计，以至于便携性和可读性都被占据主导地位的内容吞噬。罗素的文字在 20 英寸的纸张上缓缓展开，尽管它们承载着前人的智慧和经验，但今日似乎已鲜有工程师或其他读者来阅读。然而，我是带着使命来寻找这些插图的，它们将我引向了这些大部头，因此，我翻阅了每一册书的每一页，打开了每一幅折叠起来的插图。但我的寻找并无收获，因为我并没有找到那幅我已经知道确实属于费尔贝恩的插图，后来也没有找到任何一张显示罗素有可能使用了那张插图的图片。我没有发现与之相关的研究，不过我确实在阅读《轮船建造的现代系统》的过程中，对埃默森所说的这位"伟大的维多利亚工程师和轮船设计师"更加尊重了，即使是在探讨"'大东方号'入海过程中的失误决策"时，埃默森也不忘这样称赞他。这让我又回想起布鲁内尔。

罗素认为，"用铁轨来引导轮船入海的实验"就是那步错棋。布鲁内尔聘请了威廉·弗劳德（William Froude），这个后来因为模拟船舶实验而闻名的人，就钢铁表面间的摩擦进行了实验。部分基于这些实验，布鲁内尔设计出了"大东方号"入海计划的细节，结果这成为他晚年一场令人尴尬的悲剧。他构想了一艘史无前例的大船，后来又设计了一份史无前例的入海方案，并且固执地坚持要这样做。这艘船的实际建造和入海成为他的经验来源和真正的试验场。在此之前并没有类似的经验可以借鉴，这使得这件事成为最具挑战性的一类工程问题。但这并不意味着，这样的计划注定会失败，因为事实并非如此。这种情况十分特殊，因此迫使工程师们在推进项目时不得不格外小心，所以布鲁内尔坚持要在可控的条件下让轮船入海，正是因为他知道，如果轮船在失控的情况下滑进水里，没有经验可以告知他什么样的意外在等待着他和他的这艘轮船。最后，他不得不允许"大东方号"的这次入海实验在公众面前进行了三个月，但当这艘庞然大物最终漂浮起来的时候，他的正确性也得到了验证。然而，此后不到两年，疾病缠身的布鲁内尔就在 53 岁的年纪去世了。

"大东方号"后来参与了铺设大西洋电缆以及其他光荣的任务，这艘船也被《伦敦新闻画报》（*Illustrated London News*）以布鲁内尔的最高成就刊登在了他的讣告上。尽管在建造、入海和最初的航行中经历了许多挫折，但这艘巨轮激发了工程师和普通人共同的想象。人们并不认为它是布鲁内尔做的一件蠢事，而将其视为他生命中最后的挑战，在世人的记忆里，他之所以是一位伟大的工程师，恰恰是因为他敢于关注那些对于有些人来说几乎不可能的项目。尽管学者们还争论不休，但通过那些成功的尽管有时颇为曲折的项目，布鲁内尔赋予了维多利亚时代一种骄傲的成就感，这种成就感一直延续到了今天的英国。伟大的工程师布鲁内尔在钢铁工业中取得的成就，如同伟大的艺术家在油画中，伟大的诗人在文字中，以及伟大的政治家在事业中所取得的成就一样。他们的肖像现在都悬挂在国家肖像美术馆里，印有他们图片的明信片则排列在美术馆的礼品店里。

　　在所有这些图片中，布鲁内尔站在铁链前的这张是最令人震撼也最受欢迎的一张，或许是因为他的创造物所具有的宏伟的尺寸结合了艺术、诗歌和政治，代表着人们最基本的冲动，即设计和建造从未尝试过的更大、更宏伟的东西。这样看来，像布鲁内尔这样的人，似乎永远会在我们这些怀揣着更小的计划的人心中占有一席之地。不过，无论他们的设计有多么宏伟，即使是布鲁内尔也会受到人类嫉妒、自我怀疑和恐惧等人性的限制，害怕他们最伟人的实验无法成功。这样人性化的一面让像布鲁内尔和罗素这样的人，无论有着怎样的缺点，也像英雄一样更可信，也更令人喜爱。

14

经济驱动

乘坐"伊丽莎白女王 2 号"（Queen Elizabeth 2）离开南安普敦（Southampton）的第一天早上，船上 1800 多名乘客都不可避免地在横跨大西洋的四天半的旅程中受制于有限的视野和声音。有些人可以在连绵不断的地平线以及船与海之间无尽的游戏中找到一个放松的环境，让他们得以短暂地逃离现代生活的压力。对其他一些人来说，这艘船过于狭窄，在持续复杂的海洋运动中，它显得太脆弱了。然而，对于关注技术的乘客来说，这艘以 29 节的速度在北大西洋航行的唯一船只又提供了另一种视角：一个近乎完美的实验室，在这里可以思考结构和规模、工程和经济等问题。

在蒸汽时代到来之前，帆船运输十分缓慢，而且受制于风的变化无常，因此规律性的跨海航行很难实现。比如，在 19 世纪早期，横跨大西洋需要三周到两个月不等。最早的蒸汽船实际上是由蒸汽和船帆提供混合动力，只有当船帆派不上用场时，才会使用桨轮。

1819年，"萨瓦纳号"（Savannah）满载煤和压舱物，离开位于佐治亚州（Georgia）的母港。航行近四个月后，它才抵达利物浦（Liverpool），但是它使用蒸汽驱动的时间总共只有85小时，因为这样一艘小船能够携带的煤的数量实在有限。存放值钱的货物和搭载乘客的空间不能被牺牲用来装载燃料和机械，而且传统经验认为，轮船无法承载足够的化石燃料来支撑引擎运行完一整趟航程。1833年，800吨重的"皇家威廉号"（Royal William）携带了324吨煤、8位乘客和一些货物，从新斯科舍省（Nova Scotia）前往伦敦，用时25天。不过因为制造蒸汽时使用的是海水，需要从汽缸上将海盐沉积物刮下来，所以"皇家威廉号"不得不每4天就靠船帆推进一次。

在19世纪早期，一位叫朱尼厄斯·史密斯（Junius Smith）的美国律师在一次长时间停留伦敦期间，参与了进出口相关的事务。由于船只到达时间的不确定性，导致船只卸货、装货和离港时间也不确定，因此对新鲜农产品的处理十分棘手。起初，史密斯认为用蒸汽锅炉代替成桶的苹果没有什么商机。但在1832年亲身经历了45天穿过盛行西风带到达纽约，以及次年耗费更多的时间返回伦敦的航程之后，他决心建立一家汽轮公司。1835年的一本招股说明书中，简单直接地写着史密斯的计划：

> 设立一条航线，包含两艘英国汽轮和两艘美国汽轮，各1000吨，足以保证每月两次往返纽约……四艘汽轮12个月中运载的乘客数将达到8艘帆船的客容量，并且投资成本低于8艘同等吨位的帆船所需的金额。

　　　　　　　　　再造世界｜工程师的冒险

然而，史密斯一只股票也没有卖出去，因为他的提案和传统的设计理念相悖，而这套理念塑造了当时的科技思维定式。就像当时一位名叫狄奥尼修斯·拉德纳（Dionysius Lardner）的英国专家说的那样，一趟完全由蒸汽驱动的航行，以经济考虑为前提，极限是2550英里，这意味着跨大西洋的航程"完全是空想"。他嘲笑那些谈论利用蒸汽驱动横跨大西洋的人，说"他们不如去谈论从纽约或利物浦出发去月亮旅行"。

但在当时，传统经验也面临着一些更为基础的工程学上的审视。尽管小型船只确实可能无法为纯蒸汽驱动的航行提供足够的燃料储存空间，但事实上，随着船的尺寸增加，空间随之以三次方的倍数增加，而阻力仅仅以二次方的倍数增加。这证明了使用相对小功率发动机的大型船只的实用性和可行性。对于这一观念性的突破，早期的支持者有利物浦的造船师麦格雷戈·莱尔德（MacGregor Laird）以及伊桑巴德·金德姆·布鲁内尔。莱尔德在一封匿名信（署名"奇美拉"[Chimera]，意为"空想"）中质疑了拉德纳所说的2550英里的上限，他为一艘1260吨的汽轮提供了论据。布鲁内尔随后署名质疑了拉德纳。但是传统经验并不会被理论上的推演彻底推翻，只有实际的反例可以做到。

史密斯的英美公司（British and American Company）和莱尔德的公司签订了合约，定制了一艘2000吨的汽船——"皇家维多利亚号"（Royal Victoria），然而，布鲁内尔1320吨重的"大西方号"率先完工。它装备了全套的表面式冷凝器，保证汽缸能够循环使用淡水，从而解决了海盐沉淀的问题。由于史密斯不希望看到大西方汽船公司（Great Western Steam-Ship Company）第一个完成全蒸汽驱动的跨洋航行，因此在他的特许下，工厂匆匆忙忙地制造出了"天狼星号"（Sirius），重700吨，适合航海。这种船因为专门用于沿海岸线的邮包运输，通常被称为沿海邮轮。在泰晤士河上试航时，轻便的"天狼星号"的速度轻而易举地就超过了"大西方号"，随后"大西方号"锅炉室爆发的火灾也挫败了乘客们登船参与其处女航的信心。

1838年4月4日，"天狼星号"运载着40名乘客和450吨煤炭，离开科克市。在到达纽约时，轮船遇到逆风，煤炭也出现短缺。不过，通过燃烧划桨、隔间木板和树脂，它还是完成了首次全蒸汽驱动跨越大西洋的航行，历时19天。人们为这一历史性事件举办了许多庆祝活动，但"天狼星号"的记录并没有保持多久。"大西方号"在"天狼星号"出发4天后离开布里斯托尔，只比这艘小船晚了几个小时就抵达了纽约。它以2节的速度追赶"天狼星号"，尽管船上只搭载了7名乘客，但"大西方号"仅仅花费了15天就成功跨越了大西洋。

属于大型汽船的时代正式开始了，同样开始的还有史密斯和布鲁内尔的公司之间的竞争。这场竞争的核心很快转向了一定速度基础上的舒适度，到1840年，英美公司制造出"总统号"（President），一艘比"皇家维多利亚号"（1837年维多利亚公主正式加冕时重新命名为"英国女王号"[British Queen]）稍慢一些而更加豪华的轮船。但这艘新船服役不到一年，就在一次风暴中失事了。这起悲剧使得乘客们对同　航线上的其他轮船敬而远之，史密斯的公司因此一蹶不振。

"大西方号"却一直在盈利，布鲁内尔还在1843年制造出了革命性的"大不列颠号"。这是第一艘钢铁船身的跨洋汽船，使用的是螺旋桨推

　　　　　　　　　再造世界 | 工程师的冒险

进装置，而非侧面的桨轮。它从利物浦去往纽约的首次航行用时不到 15 天，返程也仅仅用了 15 天多一点。然而，这艘船有着各种各样的机械和导航问题，原因之一是它采用的新型推进系统，以及钢铁船身对指南针的影响。1864 年，它在北爱尔兰的邓德拉姆湾（Durndrum Bay）发生搁浅，偏离航线 50 英里，大西方汽船公司不得不为此卖掉其中两艘船。

与此同时，另一家航运公司北大西洋皇家邮政汽轮公司（North Atlantic Royal Mail Steam Packet Company）也开始起步了，很快它就有了另一个更加为人所知的名字——丘纳德汽船公司（Cunard Steamship Company）。它的创始人是新斯科舍省的商人塞缪尔·丘纳德（Samuel Cunard），他把大海看作一片远比陆地更友好的商业场所，因为建立一家航运公司比建设一条铁路的麻烦少多了："在行驶时我们不需要隧道，不需要开凿路堑，也不需要搭建路基。我们只需要建造自己的轮船，让它们开始工作就行了。"和他严肃的态度相一致，丘纳德的第一条邮轮"不列颠尼亚号"（Britannia），完全不像"大西方号"和"总统号"那样奢华，不过丘纳德并不指望用豪华的客舱和大型酒吧来吸引乘客和盈利。相反，他和政府签订了每年 6 万英镑的合同，在利物浦和波士顿之间运送信件。"不列颠尼亚号"的姊妹船"阿卡迪亚号"（Acadia）、"卡乐多尼亚号"（Caledonia）和"哥伦比亚号"很快加入了它（这也开启了用"亚"[-ia]结尾的命名传统）。丘纳德的航运公司建立起了独有的可靠性和安全性俱佳的名声，这样的名声在公司无盈利运输信件后保持了很长的时间。直到今天，"伊丽莎白女王 2 号"上的乘客们也会记起，丘纳德从来没有在大海上因为公司的差错而损失过一名乘客的生命。

汽船在 19 世纪前叶所取得的科技进步并不比在 20 世纪取得的少，这显然受到了经济以及一系列科技之外的因素的推动，比如说乘客们的喜好。这样的外界因素对于轮船大小的确定尤为重要，这也意味着相应出现的结构工程学和轮船建造方面的问题需要得到解决。社会和经济力量往往推动着科技发展，并通过提出挑战来影响工程学的发展。

丘纳德的第一艘船被利物浦新闻业称为"巨轮"，但依据历史学家 L. T. C. 罗尔特的说法，布鲁内尔的"大不列颠号""大到足以吞下两艘丘纳德汽船"。这位维多利亚时代的工程师是如此自信，不到 10 年，他就监督建造了船身长达 692 英尺的"大东方号"，这艘船之所以需要由侧面入海，至少部分是因为考虑到如果仅仅支撑船头和船尾的话，船身会折成两段。（这不是新鲜的顾虑了。1638 年，在发展新的有关材料强度的科学时，伽利略在他的书《关于两门新科学的对话》中讨论到，物体的重量随着体积的增加而成三次方倍增加，而抗断裂能力成平方倍增加。他的研究结果表明，建造较大的船只可以是安全的，只是要放弃严格的几何学比例法：要将一艘船的尺寸扩大 2 倍，那么就要把船身承担荷载的部分放大 4 倍以上。）

"大东方号"在入海时遭遇困难，又无法在保证盈利的情况下运载乘客，这使得它在此后几十年都一直保持着最大汽船的纪录。一直到 19 世纪末，在哥伦布世界博览会（Worlds Columbian Exposition）焕然一新的乐观氛围中，巨型汽船才又一次引起重视。历史学家亨利·亚当斯（Henry Adams）就是 1893 年芝加哥博览会的观众之一，在他的个人传记里，特别回忆了一场展览：

再造世界 | 工程师的冒险

历史展览很常见，但都不够深入，没有一个展览是经过彻底设计的。丘纳德的蒸汽船是最好的展览之一，但对于一个渴望找到答案的学生而言，他会发现自己仍然需要用一支笔和几张纸，根据现有的能源、吨位和速度的增长，试图计算出具体何时远洋汽船的发展会达到极限。他的计算结果告诉他会是 1927 年。

结果证明，亚当斯的预测惊人的准确。在哥伦布世界博览会所处时期，"大东方号"还维持着造船纪录。后来者也并未把这个纪录提高多少。1907 年，悲惨的"卢斯塔尼亚号"（Lusitania）的姊妹船——"毛里塔尼亚号"（Mauretania）的总重量达到了 30000 吨，船身长 790 英尺。由蒸汽涡轮机推动，"毛里塔尼亚号"能搭载 1750 名乘客，速度能够达到 25 节，这使得它打破并保持着这一跨洋纪录超过 20 年之久。

20 世纪早期，前往美国的移民数量的增长带来了一批利润丰厚的大舱乘客，他们填满了船只底层的甲板，因此，汽船公司得以重新重视绘图板上早已画好的班轮。"利维坦号"在德国建造时最初命名为"沃特兰德号"（Vaterland），后于 1917 年战争期间在纽约被接手并改名，它的船体设计总重量有 50000 吨，船身长 950 英尺，可以搭载 3000 名乘客。

第一次世界大战后的 10 多年里，最大的汽船尺寸基本固定在"利维坦号"的水平，而于 1912 年沉没的"泰坦尼克号"（重 66000 吨，长 880 英尺）显然不能激励人们建造更大的船只。不过，到 20 世纪 20 年代末时，汽船每年可以跨越大西洋运送超过 100 万名乘客，人们重拾的科技信心和商业上的乐观主义结合在一起，推动新一代更大的船只从草稿变成现实。

"诺曼底号"（Normandie）和"玛丽女王号"（Queen Mary）分别在 1935 年和 1936 年被投入使用，这两艘船均重达 82000 吨，长 1000 英尺，能够携带 2000 名乘客，气势非凡。不幸的是，这次新的科技升级正巧遇上经济大萧条。在经济困难的年月里，远洋乘客的数量减少了 50%，许多汽船公司不得不寻求既保持活跃又可以盈利的方法。为富人设计的航游扩大了欧洲与美国之间的传统渡轮业务，运送信件（以及小件货物）又一次成为重要的收入来源。速度达到 29 节、最新最大的汽船远比缓慢的货船受欢迎，这一时期建造的中型轮船（重 30000 吨，长 700 英尺，相当于"大东方号"）常常被称作"邮轮"，令人回想起远洋邮轮在一个世纪以前最早是作为邮政运输船来获得经济收入的。

第二次世界大战给远洋航运增加了特殊的压力。"玛丽女王号"和 1940 年投入使用的"伊丽莎白女王号"（Queen Elizabeth）被征用为军队运输船，有一次搭载着多达 15000 名盟军从纽约前往欧洲战区。这是常规载客量的 7 倍到 8 倍，这些邮轮必须拆除内部华丽的装饰，让内部构造恢复到往日移民高峰期大舱挤满乘客的年代的样子。当然，这些船在战后都进行了重装，并且有一批新邮轮也被投入使用，以应对新一波的移民、难民以及遣返者，这使得 1948 年之后的 10 年成为远洋邮轮历史上收益最丰厚的时期。

"合众国号"（United States）于 1952 年启用，船身长度按近 1000 英尺，但排水量仅有 53000 吨，部分原因是使用了大量的铝合金。它的速度可以保持在 33 节，这使得它能够在 3 天 10 小时内跨越海洋，它也因此获得了令人垂涎的"蓝丝带奖"（Blue Riband）——这一传统上用于奖励在最短时间内完成跨大西洋航行的客船的荣誉。"合众国号"的设计载客量仅略少于 2000 人，经过改造也可以在需要的时候转变成可携带 15000 名军人的船只。

尽管第二次世界大战在经济上激活了远洋邮轮服务，但它对于航空运输科技的影响更为深远，从而间接地影响了海上航行。基于战斗机的飞行经验，航空业开始发展喷气式客机，用于运载商业乘客。在 20 世纪 50 年代早期，英国的德哈维兰彗星型客机（De Havilland Comet）打算投入市场，但是开始时一些由金属疲劳*导致的意外事故延缓了定期跨洋航班的出现。等到彗星 4 型客机（Comet 4）在 1958 年开创这一服务时，之前几代飞机的声誉已经使它陷入了不利的境地，然而最终它们还是获得了航空公司和乘客的一致信任。航空旅行的发展标志着巨型汽船时代走向终结。

在 20 世纪末，唯一一艘还在定期跨大西洋通航的远洋邮轮是"伊丽莎白女王 2 号"（下文简称"女王 2 号"）。由于在最后的书面设计阶段，汽船的前途已经很不确定了，因此"女王 2 号"被建造成既能作为游轮，也能作为远洋邮轮服务的船只。由此，它的长度和宽度都比第一代"伊丽莎白女王号"缩短了接近 10%，这是为了使这艘新船在 1967 年投入使用之后可以通过巴拿马运河（仅仅只有 18 英寸的余裕）。就像所有的大型工程那样，尺寸和金钱的问题继续影响着"女王 2 号"的技术决策。到 20 世纪 80 年代早期，它的汽缸与蒸汽轮机的维护修理需求过高，同时汽油产品的费用也在不断增加，因此人们决定改装这艘轮船，将其加上柴油发

---

* 金属疲劳指在循环应力或循环应变作用下，金属材料发生破坏的现象。——编者注

电机和电力推进系统。二者产生的热量可以用于运行闪蒸器，将海水转化成足够全船使用的淡水。

这一大型改装项目使得"女王 2 号"在试航中的最高速度达到了 33.8 节，人们开始揣测，这艘船或许可以帮丘纳德赢回"合众国号"手中的"蓝丝带奖"。然而，和很多独特的工程项目一样，全局范围内总会出现一些不可预知的情况，而人们在分析计算、缩尺试验或足尺试验中都没有怀疑或发现这些情况。

新发电机的输出量更大，需要替换原先的双螺旋桨。新设计依靠在轴保持恒定转速的情况下改变螺旋桨叶片的螺距来控制船只的速度。不仅如此，为了利用一些被认为浪费了的推力，人们还在螺旋桨的后面安装了可以自由旋转的"伪螺旋桨"。这些以发明者的名字命名的格里姆叶轮（Grim wheel）一直被认为能够从叶片的尖端提供额外的推力。叶片内部涡轮状的构造，使它可以旋转（提供动力），从而将轮船的效率提高 4%，这对于如此尺寸的超级邮轮来说是不小的优势。直径 23 英尺的格里姆叶轮，比起普通的承担主要工作的螺旋桨要大 10% 左右。

新改造的"女王 2 号"的"第 2 次处女航"预备接受威尔士公主的祝贺，因此潜水员们提前检查了整个船身，作为抵达南安普顿之前的安全防范措施。尽管没有找到任何威胁生命安全的问题，但他们发现 7 片格里姆叶轮已经丢失了 5 片。新的螺旋桨很快装上了，但没有再安装格里姆叶轮。现在，这艘船的最快速度是 32 节，获得"蓝丝带奖"的希望也就不现实了。

那些年间，限制远洋邮轮尺寸和数量的不再是有关结构、动力、吨位和速度等内部的技术细节了。就像蒸汽轮船曾经取代了帆船那样，喷气式飞机也取代了远洋邮轮。大西洋上的伟大船只，它们所拥有的科技如今都以独特的形式体现在"女王2号"中，但这些科技能够存活的时间，也长不过"女王2号"还可以营运的时间了。

总工程师采取的减少运营费用的方法之一，是比较纽约的燃料价格和5天之后南安普顿的预期价格。携带额外燃料的费用和在价格上有可能的缩减相比较，远洋邮轮使用燃料的速度可以迅速地将节省下的小钱累积成可观的数字。"女王2号"以28.5节的速度航行的情况下，每天要消耗大约370吨燃料，同时它可以携带足够不间断航行12天的燃料。用20节的速度行驶时，轮船可以行驶30天，这使得它能够在不进行燃料补给的情况下完成2/3趟环球航行这一壮举，即使是布鲁内尔也会深受震撼。

但对于一艘以奢华和享受为卖点的轮船来说，节省也只能到这一步为止了。在我们这个已经开展了航空邮件业务的时代，除了乘客以外，轮船已经没有其他可以获取收入的替代方案了。因此，为了吸引人们花上将近5天的时间，跨越他们可以在几小时内飞越的海洋，丘纳德推出了飞机和轮船组合往返的旅行套餐。

去程时搭乘从纽约飞往伦敦的超声速协和客机，返程时搭乘悠闲的"女王2号"，堪称数一数二的海空旅行的戏剧化搭配。尽管它们看上去或许迥然不同，但这两种极端的科技实际上有着惊人的相似性，它们的设计尺寸和运行模式始终受制于经济和社会接受度的问题。受到肯尼迪国际机场（JFK International Airport）操作需求的限制，协和客机的起飞包含一套经过仔细安排的转弯顺序以及引擎快速推动操作，以确保飞机经过人群时音量的最小化。音障只有在经过开放水域时才可以打破，这一限制增加了达到 2 马赫*有效飞行速度以及 55000 英尺飞行高度所需的时间。在平流层飞行的计划反过来也要求受到巨大压力的机身直径要小，这就限制了乘客的数量，自然就导致机票费用较高。

协和客机的收益情况与燃料管理和消耗紧密相关，起飞和降落时燃料的消耗尤其大。为了保证从伦敦抵达纽约时，按要求存有 15 吨额外燃料，飞机起飞时必须多带 30 吨燃料，这差不多是客机有酬荷载的 3 倍了。协和客机为了在长距离的飞行中保持空气动力平衡，需要在飞机加速起飞和减速降落时，向油箱内泵入燃料，从而准确地控制重心。这些复杂的方法或许在超声速时代略显奇特，但事实上，飞机的设计也同样受到经济因素的影响，这和 19 世纪的工程师以及船舶设计师，在设计能够携带足够的煤炭以跨越海洋的汽船时要努力应对的并没什么两样。

尽管在起飞和降落过程中低速飞行时，不断加剧的涡流运动除了能够提供额外的升力外也会对协和客机造成相当的震动，但进入稀薄平流层后以超声速稳定飞行的飞机内部则几乎感受不到任何震动。而远洋航行则是一种更具感官刺激的体验，因为船只会处于自身机械和风与海的互动所产生的持续震动状态中。对科技很敏感的乘客，能够分辨出由螺旋桨和海浪推动引起的结构振动的频率，能够感受到船体围绕重心所做的刚体机械运动，还能够听到零件彼此间摩擦运动的声音。

北大西洋上风平浪静的一天，轮船的声音似乎是这个世界上唯一的声

---

* 马赫（Mach number）是声速单位。1 马赫即 1 倍声速，约合 340 米 / 秒。——编者注

响，因此，乘客们自然会在一声沉闷的撞击声出现时感到好奇。关于撞上了一头鲸鱼或一座冰山的流言很快就不攻自破，因为船长宣布这艘孤船刚刚在大洋中部与协和飞机突破音障的尾迹相交了。对于一个外行的乘客来说，在无边无际的大海和天空之间眺望时，相交事件发生的概率比在老虎机上获得头奖的可能性还小。但在它所发生的商业环境里，这样科技上的巧合并不是那么了不起的事情。尽管协和客机的飞行速度比"女王2号"这样的19世纪技术水平的汽船要快几个数量级，但它的航线像"女王2号"一样，仍然受北大西洋大圆弧航线体现出的经济因素的影响。

15

巴拿马运河

约翰·济慈（John Keats）所作的十四行诗《初读查普曼译荷马有感》（"On First Looking into Chapman's Homer"），描述的是诗人读到乔治·查普曼（George Chapman）所译的《奥德赛》（*The Odyssey*）时冒险般的兴奋激动之情。这一被翻译过多次的经典古希腊冒险故事竟有如此鲜活、如此令人满意的译本，济慈将他的这一收获比作一次科学发现，还写了一首著名的六行诗来表达自己内心的激动：

> 于是，我感到自己像星相家一般，
>
> 视线中涌入一颗崭新的星球；
>
> 又像是科尔特斯，用鹰一样的双眼；
>
> 凝视着太平洋——还有自己所有的子民；
>
> 在大胆的揣测中互相探看——
>
> 沉默不语，在达里安的山峰上。

济慈的这首短诗虽然结构优美、细腻动人，但是在真实性上出了问题，他把科尔特斯*（Cortez）和巴尔沃亚**（Balboa）弄混了，后者才是太平洋真正的发现者。与毫厘之差即可全盘倾覆的工程设计不同，诗歌并不会因为一个史实错误而失去打动人心的力量，探索发现的兴奋之情仍然得以传达，读者也不会由此认为济慈不是一名合格的诗人。而事实上，如果想把科尔特斯更改为巴尔沃亚，就必须一并更改邻近的单词，这样一来，反而要重写整行诗句，最后可能导致整首诗都需要重写，以保持其韵律、韵脚和内容的完整性。从这个角度来看，一首诗确实和工程设计有相似之处。

写作一首诗或翻译《奥德赛》，都有很多种可能性，但是这些版本并不一定都同等地忠实于荷马的想法或者当时的历史，对于现代读者而言，也不一定都同样令人兴奋。同样地，关于各个星球为何会如此这般地运动，也有不同的假说来解释；对于几乎每一个工程项目而言，无论是桥梁、楼房还是运河，也都存在着不同的设计方案。但与即使出现小错也无伤大雅的诗歌不同，错误的假说和欠妥的设计是绝不可能经久流传的。

事实上，济慈把科尔特斯和巴尔沃亚弄混的错误正好为下面要讲的工程故事提供了恰当的示例，因为这故事本身就充斥着错误的假设和谬判的设计决策。这是一个始于科尔特斯和巴尔沃亚时代的故事——一个有关花

---

* 埃尔南多·科尔特斯（Hernando Cortez，1485—1547），西班牙殖民者，1518 年率领探险队开辟美洲新的殖民地。——编者注

** 瓦斯科·努内兹·德·巴尔沃亚（Vasco Nunez de Balboa，1475—1519），西班牙探险家，1513 年在巴拿马地峡的一座山峰上向西眺望，发现了太平洋。——编者注

费数百年寻找海峡，并尝试修建一条连接大西洋和太平洋的运河的故事。

人们普遍认为，是克里斯托弗·哥伦布（Christopher Columbus）1498 年在特立尼达（Trinidad）登陆的第三次航行，为欧洲人发现了南美洲，并在此之后沿着委内瑞拉海岸向西航行。在 1502—1504 年的第四次航行中，他沿着中美洲海岸航行，和后来的许多探险家一样，他相信能够在那里找到一道海峡，可以为通行至古中国的旅行提供一条天然的水道。

1513 年，巴尔沃亚通过横穿达里恩省（即巴拿马）的地峡发现了太平洋，这一发现让人们更加坚信在这一区域的海湾、港口和河流之中存在连接两个大洋的水道。但是这条水道的位置一直让探险家们十分困惑，这其中就包括科尔特斯，他甚至一路向北到墨西哥去寻找海峡。通过现代化的地图和飞机上的鸟瞰视角，我们会发现，这样的寻找是十分愚蠢的。但是就算在现代，如果一个人沿着中美洲的海岸航行，他也能很快理解，为什么哥伦布以及与他同时代的人会把这道地峡看成加勒比海域另一串错综复杂的岛链，并且相信只要仔细探索就能发现通向东方的水道了。

然而，到 1525 年之前，经过人们数十年徒劳无功的寻找，两大洋之间的天然水道已经被称作"值得怀疑的海峡"。1528 年开始，有人建议修建一条运河。阿尔瓦罗·德萨韦德拉·德塞龙（Alvaro de Saavedra de Cerón）曾在不同时期分别为科尔特斯和巴尔沃亚服务过，他被看作这一想法最早的提出者。毫无疑问，他有这个能力亲眼观察极为狭窄的巴拿马地峡，并做出判断——这里可能是建造运河的合适位置。中美洲日益增加的殖民活动和贸易往来创造了大量跨洋交流的需求，但在很多年里，只有一条最初从骡道发展起来的，被称为"皇家之路"的通道可以满足需求。

（1520 年发现的麦哲伦海峡 [Straits of Magellan] 太靠南，而且太过危险，并不适合作为固定的贸易路线。）

最早有关修筑运河的提议包括增强易发洪水的查格雷斯河（Chagres River）的适航性，使其直达巴拿马地峡，但是这样宏大的工程设想必然需要充足的财政和政治支持。1534 年，西班牙国王查理一世下令在巴拿马地峡进行第一次运河选址调查。尽管有很多种论调支持修建运河，但是也不乏反对修建任何人工水道的观点。反对者的论点主要有三类：第一，西班牙以外的国家也会从这一便捷水道中受益；第二，因为当时对潮汐的认识不足，人们认为地峡两边的水平高度差距很大，所以破坏阻隔海洋的陆地会导致无法控制的洪水泛滥；第三，用一位批评者的话来说，神圣的惩罚会降临到那些胆敢"擅自改变拥有无上智慧和远见的造物主所创造的宇宙形态"的人身上。

尽管有这么多现实的困难和隐患，探索和调研在之后三个世纪里仍在美洲各地进行着。到 1811 年，德国科学家和探险家亚历山大·冯·洪堡（Alexander von Humboldt）发现了 9 处可以修建运河的地点。这 9 处地址都可以通过延伸现有的河道，使之跨越陆地形成太平洋与大西洋之间畅通无阻的太平洋—大西洋通航水道。据他评估，4 个最佳位置都在中美洲，依次为：尼加拉瓜，哥伦比亚，墨西哥（特万特佩克 [Tehuantepec]）和巴拿马地峡。洪堡强调，不管在哪里选址，都需要对所有可能的路线进行彻底充分的调查，而且"最重要的是，这一工程的规模不应该过小，因为其费用并不会随着运河规模的扩大和船闸宽度的增长就发生相同比例的增加"。在为洪堡的设想激动不已的人群中，还有年迈的诗人约翰·沃尔夫

　　　　　　　　　　再造世界｜工程师的冒险

冈·冯·歌德（Johann Wolfgang von Goethe）。1827 年，他认为"对于美国来说，修筑这样一条从墨西哥湾直达太平洋的航道是必不可少的"，并对于自己不能再多活 50 年，亲眼看到运河的竣工而感到十分遗憾。

但是又过了将近一个世纪，无论规模大小，仍然没有任何运河建成，但相关的运河工程却开始出现了许多错误的开端。对于跨越整个地峡这种规模的运河工程来说，选定地址只是在具体的工程规划和设计开始前必须做的众多工作之一。开始时还要面临非技术方面的难题，其中最主要的就是经济和政治方面的问题。在一个众所周知政治并不稳定的地区，穿越几个国家的管辖区域修建运河，资金来源和建筑许可都是需要考虑的问题，还有长期垄断经营的权利以及运河的安全保障，这些与设计修建运河本身可以说是同等重要的。

直到 19 世纪中期仍然没有运河建成，但是东西海岸间的贸易往来正在逐渐增多。1855 年，东西海岸间建成了一条铁路，它也成为美洲第一条横跨大陆的铁路线。与大多数人的地理认知恰好相反的是，这条铁路在从大西洋穿越地峡到达太平洋的过程中，其实大体上是向东南方向延伸的（运河最终的路线也与之非常接近）。尽管这种从东到西的走向是反直觉的，但是巴拿马铁路（Panama Railroad）事实上给希望从纽约前往加利福尼亚的旅客提供了很大的便利。乘船的旅客可以在利蒙湾（Limón Bay）下船，经过一段 48 英里的铁路旅行到达太平洋海岸的巴拿马湾（Panama Bay），在这里，乘客们将会搭乘第二段海路的航船。这条路线是如此省时，以至于火车票价非常高昂，仅仅沿铁轨步行穿越地峡都需要花费 5 美元。

19世纪中期，铁路的发展非常迅速，因此在1880年，詹姆斯·布坎南·伊兹提出可以开通跨越特万特佩克地峡（Isthmus of Tehuantepec）的"运船铁路"（ship railway）。此前，他已经在圣路易斯主持建造了横跨密西西比河的大桥，并在河口处修建了码头来保证水道的深度。根据伊兹的计划，满载的远洋货船（当时大概可以装载7000吨货物）在线路一端被整体抬升到海面以上，然后被放置在装有许多轮子的平台上，由几条并排铁轨上的强力机车牵引到另一片大洋。相比将货物在轮船和传统的跨地峡火车之间来回转移，这样做会节省很多时间、精力和费用。伊兹的想法其实没有看起来那么虚幻，因为很长时间以来，运河船都有被斜吊运输的历史，有的船只甚至会通过阿勒格尼山脉（Allegheny Mountains）的铁路进行运输。虽然墨西哥计划的花费相当于其他跨地峡运河计划花销的一小部分，但这一方案也需要政府的资金支持。当时其他的方案还包括在巴拿马地峡和尼加拉瓜地峡处修建运河，人们为了技术细节争论不休，为了政治经济方面的问题四处游说，动工日期和最终的决定一再推迟。

相比现在，19世纪的科学和科学家、工程和工程师之间在概念上并没有那么大的区别。由于修建一条横跨中美洲的运河既实用、可行，又有很高的呼声，因此各类学会组织了起来，开始研究与这一项目相关的各种问题，各种会议也开始频繁召开。1876年，巴黎地理学会（Société de Géographie de Paris）邀请世界各地的地理学会前来参加一场国际会议，目的是分摊详尽勘测所需要的费用，这次勘测可能会用到气球进行空中调查，以便最终确定运河的路线。与此同时，一家私人公司——达连洋际运河环球公司（Société Civile Internationale du Canal Interocéanique du

再造世界｜工程师的冒险

Danién）成立了，它志愿承担了这次勘探的费用。公司收到的第一份报告里描述了几个选项，其中包括横穿陆地的地下隧道和带有船闸的运河。

1879年5月，巴黎召开了一场国际代表大会来讨论几个选项，以做出最终的选择。这场会议的主席是费迪南·德·莱塞普（Ferdinand de Lesseps）。这位七十多岁的老人既不是工程师，也不是金融家，却被人们称作"以完成常人以为不可能之事为己任，不以敛财为目的的一位实干家"。德·莱塞普是当时"世界上最有声望的要人"，被人们直截了当地称为"那位伟大的法国人"。他在修建苏伊士运河（Suez Canal）时所取得的成就让他万分坚定地相信，自己也能够主导这一横跨中美洲的运河项目，因此他精心安排了巴黎的这次代表大会。

第一次全体会议在巴黎地理学会的礼堂进行，会上号召代表们要采取行动："现在，在中美洲开凿一条运河对于所有国家的利益来说都非常重要……我们所面对的这项工程是为科学而建的，而科学不偏不倚、庄严沉静的精神也要深深印刻在各位的头脑中。"德·莱塞普恳求代表们"用美国人的风格来推进事务，即做到迅速、实用，但也要谨慎小心"。代表们分成了五个委员会，分别讨论例如运河通航量、宽度、通行费等问题，但是他们的很多提案都需要得到最大也是最重要的技术委员会的支持。它会负责考虑工程宏观层面的各种决定性问题：选址、运河的形式以及成本。这两周里，在美酒佳肴的陪伴下，代表们围绕不同的路线展开了争论。

考虑例如降水量是否能满足船闸运行的需求这类问题，是做出理性决策的基础。成本最低且最易实现的方案是利用现有的湖泊，在尼加拉瓜修建一条带船闸的运河。但是影响力巨大的德·莱塞普坚决反对包含船闸的设计，以至于技术委员会否决了所有类似的方案。尽管开挖后斜坡的不稳定可能导致费用产生波动，控制狂暴的查格雷斯河也十分困难，但德·莱塞普仍然坚定地支持在利蒙和巴拿马的海湾之间修建一条与海平面齐平的运河。在最后的全体会议上，他以主导者的身份出现，并投出了由个人情绪主导的但在技术上并不周全的一票。在给海平面运河方案投支持票的74人中，只有19人是工程师，而且绝大多数的支持者都曾与德·莱塞普一起参与苏伊士运河项目。至于德·莱塞普本人，他随后宣布自己获胜时说："我投了赞成票！我愿意领导这一伟大的事业。"

在几个月的宣传期里，德·莱塞普进行了充满不确定性的募资工作，1880年项目的具体作业开始启动。但是事实证明，这一运河项目跟苏伊士运河完全不同。正如一个观测员在1886年写道："对于工程师而言，可能再没有（比巴拿马运河）更加复杂的项目了，每一个问题都被更多的不确定因素困扰……每一步……都或多或少是实验性的。"苏伊士运河那里主要是沙土和软土，在巴拿马运河的施工场地却有相当多的岩石；相较苏伊士运河最多50英尺的高差，巴拿马运河的高差则足足有330英尺；巴拿马附近没有任何可以提供廉价劳动力的聚居地；这里还有查格雷斯河的洪水；这里不仅和苏伊士一样炎热，而且十分潮湿，同时还有致命的发热病。

法国人的领导被证明是一场灾难，主要原因是直到1881年，德·莱塞普还是固执地反对重新设计一条带船闸的运河，即使只是作为临时的解决措施也不肯接受。与此同时，山体滑坡不断发生，很显然，人们需要挖掘更多的泥土和岩石，才能在穿越地峡时形成稳定的斜坡。等到1890年，公司已经面临财务危机，又无法募得急需的资金。有传言称，达连洋际运河环球公司支出过多，还直接贿赂记者，宣传项目成功的消息，但事实上，这一项目已经千疮百孔了。受到牵连的还有古斯塔夫·埃菲尔（Gustave Eiffel），他是早期海平面运河方案的反对者之一。随后，他提出要修建船闸以及提供相应的配套设施，却被认为"慷慨得过了头"。最终，公司被接管了。

五年的沉寂之后，又一家法国公司成立了，但是也失败了。不断发生的泥石流要求不断增加挖掘量，而疾病也一直在夺走工人们的生命，这些困难使得法国人的努力不断受挫。山体滑坡的发生原因倒是一目了然，只要保持耐心、坚持苦干就可以克服。但热病则狡猾得多，它导致工人的死亡率高达 2/3。

虽然早在 19 世纪中期就有人提出假设，认为是蚊子传播了黄热病*，但传统科学还是认为土壤里的腐朽物质和不卫生的环境才是真正的病因。位于巴拿马的法国医院被认为是清洁卫生、温馨美观的典范。病房里装点着热带花朵，而为了防止贪吃的蚂蚁接近，花盆都放在水盆里。这样做显然让病房成为蚊子滋生的好地方，整座医院则在无意之间成了致命的陷阱。到 19 世纪末，法国人持续了 20 年的努力最终画上了句号，而公司的工程业务和机械也都不得不全部抛售。

人们熟知的回文**俗语"一个人，一个计划，一条运河，巴拿马"（a man, a plan, a canal, Panama）把工程成就放在政治实体之前，但实际上，

---

* 黄热病（yellow fever）是一种由黄热病毒引起、经蚊传播的急性传染病。该病主要在中南美洲和非洲的热带地区流行。——编者注
** 回文（palindrome）指顺读和倒读都一样的单词、短语或句子。——编者注

正是成立了巴拿马共和国的军政府最终决定了这条运河的命运。当时在美国，有越来越多的人支持修建一条由美国人控制的运河。尼加拉瓜的路线支持者更多，因为法国先前已经宣布了对巴拿马的达连地峡（Isthmus of Darién）的所有权，也因为要让哥伦比亚政府同意授权美国横跨巴拿马地峡修建运河有很大的困难，同时尼加拉瓜的自然环境预计也更适宜工程建设。菲利普·比诺-瓦里拉（Philippe Bunau-Varilla）曾是法国人项目中的一位工程师，他最终说服华盛顿政府选择了一条离美国更远的路线。当时国会的一场关键投票即将举行，比诺-瓦里拉回想起尼加拉瓜曾发行过一套描绘莫莫通博火山（Momotombo）喷发的邮票，于是他从华盛顿的邮票收藏家和交易商那里收购了足够多的邮票，在国会将要举行关键的投票决定是否授权收购法国遗留下的项目之前几天，给每个议员递送了一份邮票。无须多言，尽管之前有人保证过尼加拉瓜火山群正处于休眠期，不会对运河产生威胁，但这时候也不起作用了。

有了法国人的设备、地图和经验，美国人就能带着新的热情和资源攻克地峡了。但前提条件是他们能与哥伦比亚政府达成协议，就获得横跨该国的运河使用权对后者做出相应的补偿。但这并非马上就能实现的事情，而且美国完全没有试图阻止巴拿马共和国创立者的革命。此时，尼加拉瓜的选址还一直被视为一种可能性，直到法国人同意以比预期低得多的价格卖掉他们在巴拿马的财产，这一想法才被放弃。最终这笔交易在 1903 年以 4000 万美元的价格成交。

巴拿马运河被称为"人类从自然手中拿走的最大的自由"以及"一项无与伦比的工程成就"。无论从哪个角度去评价，如果没有经济和政治上的筹谋以及关键人物的决心和奉献，人类就不可能取得这一成就。这些关键人物很多都是这一伟大项目的工程师。1904 年，美国人启动了这一令人紧张的项目，约翰·芬德利·华莱士（John Findley Wallace）担任总工程师，他在中西部铁路建设方面拥有丰富的经验。首席卫生官是威廉·克劳福德·戈加斯（William Crawford Gorgas），他在消灭古巴的黄热病和疟疾方面取得过巨大的成功。但是他们俩都受到位于华盛顿的七人委员会的指挥，委员会则在战争部部长威廉·霍华德·塔夫脱（William Howard Taft）的监督下对项目运行进行指导。华莱士后来终于说服塔夫脱对委员会进行重组，但不久后两人发生了争执，塔夫脱要求华莱士引咎辞职。

三天之内，著名的铁路工程师约翰·弗兰克·史蒂文斯（John Frank Stevens）同意成为华莱士的继任者。在同意继任之前，他开出条件，要求不受繁杂公务流程的约束，并有权决定任何与运河相关的事宜。这些条件都得到了总统西奥多·罗斯福（Theodore Roosevelt）的批准。不仅如此，他只答应，在"确定的成功或失败来临"之前，会担任运河项目的总工程师。一到达巴拿马，史蒂文斯就发现工程中存在缺乏组织性和主动性的问题，并很快开始扭转局面。尽管运河已经断断续续修建了 25 年，但是由于当时还没有最终定下所有的设计方案，因此只能算是今人所说的"捷径"型的项目。其中最突出的海平面运河和船闸运河方案的争论还没有结果。1905 年，罗斯福批准组建了咨询工程师委员会，想要一劳永逸地解决这个问题。在史蒂文斯有力的推动下，工程师们终于决定：修建一条船闸运河。

这次采用的方案与 1879 年巴黎会议上戈丹·德·莱皮奈（Godin de

Lépinay）提出但被忽略的方案非常相似。莱皮奈是少数几个在美洲热带地区有丰富工作经验的法国工程师。他的方案是在查格雷斯河上修筑大坝，由此形成一个高出海平面约 80 英尺的巨型人造湖泊。船只将通过船闸从大西洋被抬升至湖泊，再从这里驶向大陆分水岭，也就是挖掘任务量最大的地方。随后船只通过一条堤坝高峻的水道驶向另一串船闸，经由这些船闸最终下降并驶入太平洋。如果巴黎会议通过了这一方案，德·莱塞普和法国可能已经成功地完成了运河的修建。莱皮奈的方案不仅将挖掘量减到了最少，还提供了一种控制查格雷斯河洪水的方案，利用重力而不是水泵为船闸补给和排放活水。

随着运河设计方案的最终确定以及史蒂文斯的到位履职，工程很快有了明显的进展。运河委员会的官方摄影师欧内斯特·哈伦（Ernest Hallen）和其他来访的记者们系统地记录了运河建造的整个过程。事实上，这条运河相关的报道是受益于 19 世纪后期照相制版印刷技术发展的最早的重要报道之一。这一技术免除了在印刷之前把照片转化成线条画的繁杂工序。因此，美国人进行工程建设时期大量的新闻报道、杂志文章和图书都配上了丰富的插图。

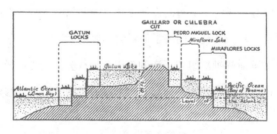

巴拿马运河垂直截面图，展示了利用船闸可以实现的高程变化

　　　　　　　　　　　　　　再造世界｜工程师的冒险

在这个体量巨大的工程中，最引人注目的画面和最艰苦的工作是库莱布拉河道处的挖掘。建立清除土石的有效系统尤为关键，史蒂文斯在设计方案尚未确定的情况下做出了果断而明智的决定。1906年末，罗斯福参观了巴拿马，成为第一位在任期内离开美国的总统。他不知疲倦地参观了运河工程的施工现场，参加了摄影师在蒸汽铲车驾驶室里拍摄到的官方宴会的一切活动。返回华盛顿后不久，罗斯福又任命了一个新的委员会。他任命史蒂文斯为主席和总工程师。但是史蒂文斯很快提醒罗斯福他们之前曾达成过的协议，由于他对运河有条不紊的修建情况很满意，便辞去了职务。

罗斯福厌倦了工程师们不断退出该项目，于是他试图"将其转交给军队"，并任命乔治·华盛顿·戈瑟尔斯（George Washington Goethals）中校于1907年4月1日接替史蒂文斯。戈瑟尔斯是一位具有强大领导能力的人物，尽管他从没有在巴拿马穿过军装，但他高效有力地为这个庞大的项目划分了权责。从利蒙湾到加图恩大坝（Gatún Dam）间的河道和船闸属于大西洋分段，由军事工程师威廉·卢瑟·赛伯特（William Luther Sibert）负责领导；包括加图恩湖（Gatún Lake）和库莱布拉河道在内的中央分段由大卫·杜博斯·盖拉德（David Du Bose Gaillard）少校管辖；从库莱布拉河道尾段到巴拿马湾在内的太平洋分段由工程师悉尼·威廉森（Sydney B. Williamson）统筹。

所有部分的任务都具有相当的技术难度，但是穿越大陆分水岭部分的挖掘工作仅仅在规模上就超越了其他任何部分的难度。法国人在20年间挖掘了7800万立方码*的土石，而在1904—1907年美国人又完成了1400万

---

* 立方码（Cubic Yard）是体积单位，1立方码约合0.765立方米。——编者注

立方码的挖掘量。在工程的最后 7 年，在盖拉德的指导下，工人们完成了 2 亿 1900 万立方码的挖掘量，占挖掘总量的 2/3 以上。尽管运河岸边最高的悬崖由坚硬的火山岩构成，因此相对稳定，但河道沿岸的很多其他地方却发生了多次滑坡，经常使得几个月的工作白费。然而，戈瑟尔斯、盖拉德以及"巴拿马军"——戈瑟尔斯对工人群体的称谓，有条不紊地克服了每一个新出现的障碍。不幸的是，运河完工前一年，盖拉德不得不接受一场脑瘤治疗手术，并在 1913 年末去世了。1915 年，总统伍德罗·威尔逊（Woodrow Wilson）签署了一项行政令，将库莱布拉河道改名为盖拉德河道，以纪念盖拉德在巴拿马运河建设过程中所起的核心作用。盖拉德因此成为少数几个在巴拿马留下名字的工程师之一。但是，1930 年一项针对工程学院管理人员的调查显示，在被要求列出史上最伟大的工程师时，只有德·莱塞普、史蒂文斯、戈瑟尔斯三人出现在最常被提及的十二人之中。在整个巴拿马运河项目中，与之联系最为紧密的工程师应该是谁，这一争论直到今天仍在继续。

巴拿马运河于 1914 年 8 月 14 日正式通航，但不久后发生在欧洲的一系列事件却给人们等待已久的通航蒙上了一层阴影，仿佛是在嘲笑运河管辖区的宣传语："大陆在此分开，世界因此团结。"（The land divided, the world united）在刚刚通航的几年里，运河发生了数次滑坡，但是每次滑坡发生之后，人们都有条不紊地进行疏浚并重开。在第二次世界大战期间，巴拿马运河成了大西洋舰队和太平洋舰队之间的战略纽带，退伍的军人们还会想起，当时在加图恩湖上拍摄高高行驶在海平面以上的船只，就会马上被没收照相机。

在当时，巴拿马运河被称作相当于载人登月一样的科技成就，但现在有些人认为它在程度上还是差远了。运河的船闸通常把允许通过的船只尺寸限制在长 965 英尺、宽 106 英尺、吃水深度 39.5 英尺以下。而船只为了通过运河，也必须被设计成相应的尺寸。尽管现代的高速公路可以作为运河的替代方案，但人们仍强烈希望能在大洋之间保留一条现代化的水路。由美国、日本、巴拿马代表组成的三方委员会正在商讨运河改进的方案。德·莱塞普梦想修建的海平面运河也在商讨之列，这一方案现在日益受到重视，因为森林砍伐正影响着流入加图恩湖的径流，人们也担心一直以来依靠重力流保证船闸正常运转的淡水供应可能会受到威胁。

　　即使被取代，巴拿马运河仍然是有史以来最伟大的工程之一。但是它近些年来的历史却更多受到政治而非技术的支配。根据 1979 年生效的条约，来自美国的政府机构巴拿马运河委员会（Panama Canal Commission）代替了巴拿马运河公司的角色，并且直到 1990 年为止，该委员会都由美国的管理人员领导。1990 年后，由巴拿马人担任运河的负责人。1999 年 12 月 31 日起，运河及其运营权被完全移交给巴拿马。尽管这一段美国主导的时期即将结束，但毫无疑问，船只们仍将在很长一段时间里继续穿梭在科伦（哥伦布的西班牙语说法）和巴尔沃亚之间。恰如其分地，这些港口的名字都来自那几位与太平洋和大西洋关系紧密的探险者，无论今后它们归谁管理，都提醒着人们不要忘记这一跨地峡运河项目漫长而丰富的历史，它无比清晰地展示出，技术、经济、政治以及科学与工程中人性的要素之间是如何紧密地交织在一起的。

16

费里斯摩天轮

工程成就受其所处时代和当时技术水平的影响。一个世纪以前，有两项广为人知的工程——埃菲尔铁塔（Eiffel Tower）和费里斯摩天轮（Ferris Wheel），它们相互交织的故事印证了这一说法。

1889 年，巴黎世博会（Paris Universal Exposition）还在规划阶段时，人们就已经达成了一个共识：一座高耸的塔楼会是纪念法国大革命 100 周年最合适的标志性纪念物。当然，方尖碑长期以来一直被视为纪念石碑，但是在 19 世纪，工程师们提议建设铁塔的声音越来越多。铁塔不仅比石碑更高，也更加实用。1833 年，英国工程师理查德·特里维西克提出，为了纪念国会一年前通过的改革法案，可以修建一座高 1000 英尺的铸铁塔。在 19 世纪初，他发明了第一台能在轨道上运行的蒸汽机车。1851 年伦敦万国博览会结束后，有人提出了另一种相似高度的结构，能够重新利用水晶宫拆解后的玻璃及铁构件。遵循这样的传统，为古斯塔夫·埃菲尔工作的两位工程师——莫里斯·克什兰（Maurice Koechlin）和埃米尔·努吉耶

（Émile Nouguier），于 1884 年 5 月起草绘制了另一座高塔的设计图。

埃菲尔的工程公司在桥梁建造方面拥有丰富的经验，而且它当时刚刚完成了自由女神像（Statue of Liberty）的结构框架设计。因此，在完成了基础计算之后，埃菲尔的工程师们就确定地知道，铆接锻钢可以用来建造他们为即将到来的世博会设计的四足塔。当埃菲尔看到克什兰最初的草图时，他并没有特别兴奋。不过他仍然授权工程师们继续研究这一问题。当建筑设计师斯蒂芬·索维斯特（Stephen Sauvestre）在更进一步的草图中减少了横梁数量，增加了装饰用的拱门和其他细节后，埃菲尔通过了这一方案。9 月，埃菲尔和他的工程师们使用了一项专利，随后他买下了这项专利的相关权利。自此以后，这座已经属于埃菲尔的铁塔成为世博会上的焦点。

并非每个人都对这座被称为从地面通往天空的桥梁的铁塔激动不已，有人认为这破坏了巴黎的样貌。艺术家和文学家群体尤其反对，他们"以法国艺术和历史的名义"抗议"这一对法国高雅品位的侵犯"。1887 年，莫泊桑（Guy de Maupassant）和大仲马（Alexandre Dumas）等人在《时报》（*Le Temps*）上发表了一篇文章，把这座高耸的铁塔描述为"机械制造师的巴洛克式商业构想"。埃菲尔对此做出了有力的回应，称这座铁塔"就其本身而言就是美丽的"。他补充道：

> 难道会有人认为，因为我们是工程师，所以就不会对美的事物感到着迷，也不会建造既优美又坚固持久的建筑吗？难道达成那种不成文的和谐的条件，不是力量的真正体现吗？……此外，巨型建筑的吸引力和它独特的魅力，是那些寻常的艺术理论所不适用的。

埃菲尔铁塔与其他著名纪念建筑的等比例草图

克什兰和努吉耶设计的具有类似桥梁大梁的光秃秃的铁塔，大概无法这样轻易地打消批评者的顾虑。面对诸多批评，想要这一方案被选中并投入建设本身就不太可能，即使成功了，这座铁塔也很有可能在巴黎世博会结束后很快就被拆毁。埃菲尔铁塔可以成功开工建造并长久地耸立，必须归功于埃菲尔的天才，因为他不仅知道什么样的结构能够成功，还明白如何使建筑结构本身在社会、政治和金融层面上象征性地取得成功。世博会期间，近200万人参观了这座铁塔，带来了750万法郎的收入，差不多相当于全部的建设成本。世博会结束后不久，这座铁塔就开始盈利了。

确实，埃菲尔铁塔如此成功，以至于在规划哥伦布世界博览会时，它已经成为必须被超越的对象。1893年，哥伦布世界博览会在推迟一年后才得以举办。其目的是庆祝哥伦布抵达美洲400周年纪念日，举办地位于芝加哥。建筑师丹尼尔·伯纳姆（Daniel H. Burnham）被任命为这一项目的总工程师，他的合伙人约翰·鲁特（John W. Root）被任命为咨询工程师。伯纳姆和鲁特因为一起设计了芝加哥的第一栋高楼——10层高的蒙托克大厦（Montauk Building）而闻名，据说这座大厦也是"摩天大楼"（skyscraper）一词最初所指的对象。在国家路和伦道夫路拐角处开放的共济会会堂（Masonic Temple）也是他们在1894年设计的，建成之时，这座会堂成为当时世界上最高的建筑。鲁特在1891年初突然去世后，伯纳姆只能独自负责后来被称为"白城"（White City）的主会场的设计和建设工作——"白城"这一名称的使用源于建筑内部统一的颜色，以及19世纪得以广泛使用的电力照明系统。

在世博会的早期规划阶段，建筑设计师就决定围绕荣誉法院建造的建筑物都应具有统一的檐口形式，并且博览会上所有的建筑物都将按照"希腊-罗马-东方风格"来进行设计。在那之前，芝加哥还从未有过任何古典风格的建筑，因此这种设计在当时的建筑设计师和评论家当中并未受到广泛的欢迎。不过，作为便利之计，决策做出之后，也得到了全力的推进。当亨利·亚当斯在自传中以第三人称视角回顾这次世博会时，他对当时的"贸易城"给出了称赞："与会的商人们各有所好，芝加哥（世博会）至少让这些品位看起来是统一和谐的。"

尽管展览馆的建设进行得非常顺利，但人们还是没能为芝加哥世博会找到能与埃菲尔铁塔"争锋"的真正具有创新性的建筑方案。当时一位记者随后报道称："美国的自豪感已经岌岌可危。"这个年轻的国家许诺将举办一次"世界上有史以来最伟大的博览会"。美国已经取得了巨大的工业成就，这次博览会则是一次机会，证明它的创造力也可与传统欧洲世界匹敌。

正是在这样的氛围下，早期有人建议采用直径3000英尺、长度高达1000英尺的中心支撑柱的帐篷式结构，把所有展览都聚集在这一结构之下。宏伟的计划比比皆是，还有人提出把罗马竞技场买下来，然后在芝加哥重新组建。还有些毫不意外的提议，比如建一座高 1500 英尺、基座直径 500 英尺，比埃菲尔铁塔更加宏伟的高塔。塔内将会有 5000 个宾馆房间和一个直径 237 英尺的圆顶音乐厅。但是，即使建出史上最高的铁塔，也只会被人批评为缺乏新意的模仿。一位评论员在摩天轮完工以后写道，美国仅剩的选项就是"把埃菲尔铁塔装上转轴，让它转起来"。

建设摩天轮的方案直到 1891 年才被人提出来。当伯纳姆在宴会上向建筑师和工程师致辞时，他称赞了前者（指摩天轮），同时批评后者（指让埃菲尔铁塔转起来）没有满足人们的期待，还尚未有人提出在原创性和创造性上能够媲美埃菲尔铁塔的方案。伯纳姆希望能实现工程学上的新突破，但工程师们给他提供的建议却只有修塔。

年轻的小乔治·华盛顿·盖尔·费里斯（George Washington Gale Ferris, Jr.）当时就在宴会现场，他于 1859 年出生在伊利诺伊州的盖尔斯堡（Galesburg），5 岁时随家人移居到内华达州（Nevada）西部。当他们住在那里的牧场时，他迷上了一个巨大的下射式水轮机。这个水轮机可以把卡森河（Carson River）里的水运送到马房的饮水槽里。费里斯后来回忆道，他自己对水轮机的运转十分着迷，不过据记载，年轻的费里斯对正规的学校教育没那么感兴趣。他被送到加利福尼亚州奥克兰（Oakland）的军事学校就读，之后在伦斯勒理工学院（Rensselaer Polytechnic Institute）取得了土木工程学位，于 1881 年毕业。最开始工作时，他参与了铁路、采矿、隧道等方面的工作，随后开始参与桥梁建设，到 1885 年，他已经负责为肯塔基与印第安纳桥梁公司（Kentucky & Indiana Bridge Company）在匹兹堡生产的钢铁进行测试和检验的工作。当时，钢铁才刚刚开始应用于桥梁建设，于是费里斯从中看到了新的商机。他在匹兹堡组建了 G. W. G. 费里斯公司（G. W. G. Ferris and Company），为其他公司进行工厂和车间工作的检查和测验。很快这家公司就以不同的方式参与了当时美国许多钢桥的建设。因此，到 1891 年，费里斯已经在钢结构设计、制造、检测和搭建等方面有了相当多的实践经验。

后来，当费里斯被问到摩天轮这一想法是从何而来的时候，他回忆说在伯纳姆向工程师们提出挑战后不久，他在一个周六下午去了一家酒馆，发现里面大多是世界博览会的工程师。据他回忆：

> 我一直在反复思考我能想到的每一个提案。其中有四五个方案我想了很长时间。它们是什么样的呢？或许我还是不讲出来比较好。无论如何，没有任何一个方案是令人满意的……当我在芝加哥的一间小饭馆吃晚饭时，灵感突然击中了我。我想要建造一座巨大的转轮，一个怪物。我拿来一些纸，开始画草图。我确定了尺寸、建设计划、运转的车厢数量、能够承载的人数、如何收费、如何让第一圈转动时能够停止六次进行载客然后继续转动一整圈……总之，在晚饭结束之前，我几乎已经画出了所有的细节，而且这一计划之后也没有一点变动。现在矗立在普莱桑斯（Plaisance）的摩天轮，就和当年我脑海中设想的一模一样。

不出所料，由于其创新性，费里斯的提案收到了人们褒贬不一的反馈。世博会的负责人最初许可费里斯修建他所设计的摩天轮，但随后收回了这一许可，之后又在 1892 年 12 月 16 日再次为这一提议亮了绿灯。博览会将在 1893 年 5 月 1 日开放，因此费里斯需要在几个月的时间内筹到 35 万美元，然后确定位置，制造建材，完成运送，还要组装起 2100 吨钢材。

所幸，费里斯对匹兹堡钢铁行业十分熟悉，在试验、检查和建造方面也有丰富的经验，这使得他能加快摩天轮部件的制造速度，确保所有部件的制造一次成功，并且尽可能迅速地运送所有物资。许多家钢铁厂同时提供钢材，随后钢材在底特律被加工成部件，并于 3 月底通过 150 节火车车厢运到芝加哥。其中，摩天轮的轮轴是人类有史以来锻造的最大的钢轴。作为摩天轮的核心部件，它的质量超过 45 吨，长度超过 45 英尺，横截面直径超过 32 英寸。

当这些部件陆续运达芝加哥时，这一巨大结构的基础工程已经做好了。它从 1 月开始施工，工人们挖掘出 8 个 20 英尺见方、深 35 英尺的洞，向其中浇筑水泥，再在其上栓接钢臂。等钢轴吊装到位后，整个摩天轮就可以开始组装了。要完成一个如此巨大且全新的结构，组装顺序和方式当然尤为关键。保证这一工作取得成功的责任落在了费里斯的合伙人威廉·格罗诺（William F. Gronau）身上，他是伦斯勒理工学院的校友工程师，有很大可能正是他完成了摩天轮结构设计的计算工作。这座摩天轮基本上就是一个直径 250 英尺的巨型自行车轮。由于乘客车厢是安装在相对刚性的框架圆环上运转，圆环要用直径 2.5 英寸的铁杆与钢轴相连，其作用相当于自行车车轮里的辐条，本身无法承担较大的荷载，因此这种结构被准确地命名为张紧轮（tension wheel）。在此之前，同类结构中最大的是苏格兰一座直径 35 英尺的张紧轮。费里斯毫无疑问对纽约州特洛伊市自己母校附近的博尔顿水轮机非常熟悉。如果不细究轮式结构的种类，1892 年已建成的最大的轮式结构是马恩岛（Isle of Man）上一座直径 72 英尺的上射式水轮机。

一座 18 世纪的游乐轮

尽管在规模上有如此大的突破，但费里斯设计的摩天轮确实有这样那样的先例，其他所有人工制品也都是这样。正如英国旅行家彼得·芒迪（Peter Mundy）1620 年在日记中记录的，早在 17 世纪早期，保加利亚就已经出现了类似的"游乐轮"*。他在手绘的草图旁附上了注释："儿童坐在几个悬挂着的可旋转的座位里，他们有时转到轮子上部，有时转到下部，不过坐在里面却总是可以保持头部在上。"一如既往地，"游乐轮"向西传播，到 19 世纪 70 年代，美国已经出现了由蒸汽驱动、由木头和钢管制成的类似设备，直径可达 50 英尺，有些载客可达 50 人。

* 保加利亚人发明的这种"游乐轮"（pleasure wheel），主体是一个巨大的木环结构，上面悬挂着六七个椅子，乘客坐在椅子上，由人力推动游乐轮转起来。——编者注

就像其他所有在原理或尺寸上有所创新的结构一样，摩天轮也有不少反对者。有人说它不可能转得起来，有人说它会被风吹倒，还有人说它会因为搭载乘客而失去平衡。不过，当这座摩天轮在 1893 年 6 月 21 日正式开放时，它运转得很完美，而且它在整个使用周期里一直保持着良好的状态。当费里斯看到 7 月份有一场暴风雨即将来临时，他和妻子以及一位记者登上摩天轮，安然度过了这场风力达到 110 英里每小时的暴风雨。据这位记者报道："费里斯太太相信自己的丈夫，费里斯先生相信自己的摩天轮。但是，记者既无法相信上帝，也无法相信费里斯。"对于那些担心摩天轮失去平衡的顾虑，费里斯回答说："人类的自大使我们很难认识到，在这座巨大的摩天轮上人类带来的影响并不比苍蝇大多少。"虽然的确有所夸张，但是即便在满载的情况下，摩天轮本身也要比乘客重 10 倍。

在摩天轮开始运转后不久，这一创新性的工程成就便成了工程学者、结构分析师以及相关的技术报刊研究的对象。在 1894 年 3 月 24 日的《工程新闻》（*Engineering News*）上，J. W. 肖布（J. W. Schaub）撰文论述了"这一结构可能会出现的应力问题"，以及对于费里斯"没有更为科学地解决这一问题的遗憾"。他写道："一段时间以来，工程师们都在等待摩天轮的设计者发表一篇论文，完整地阐述自己的设计，但是这样的论文似乎不会出现了。"对于很多发明家而言，发明成果本身就是最好的说明。这并不是说在设计时不需要计算分析，不管是借用小饭馆的餐桌，还是使用专业绘图板，计算分析都是十分必要的，只不过要把自己的设计细节整理成文发表，对于一些工程师而言，和让画家解释自己的画作一样奇怪。对于费里斯来说，这可能是因为他不想跟自己的搭档格罗诺分享这一荣誉，又或者仅仅是因为费里斯害怕自己的摩天轮刚刚取得成功，就会失去大赚一笔的机会。正是由于对生意上的事务过于担忧，费里斯在 1896 年 11 月 22 日就因为伤寒去世了，年仅 37 岁。

近 150 万乘坐摩天轮的游客，对于阅读它的分析报告不会有多少兴趣，但对于乘坐摩天轮的人数统计和运营次数统计确实得益于他们的参与。36 个车厢中的每一个都与电车车厢大小相仿，共有 40 个座位，但同时还会有一些站着的乘客。摩天轮的每个车厢可容纳 60 人，车厢总容量为 2160 人，一天之内可以有多达 38000 人乘坐摩天轮观光。据估计，摩天轮在大道乐园（Midway Plaisance）里运转了 19 周，共计转了 1 万多圈。大道乐园是这次博览会的特殊区域和娱乐区，在此后举办的所有博览会上，游艺场所也都沿用了这个名字。身穿制服的保安也会乘坐摩天轮以保证安全，并协助乘客分别从两个门上下车厢。摩天轮一次可以同时换乘 6 节车厢的乘客，因此需要停靠 6 次才能完成所有乘客的换乘。完成换乘后，摩天轮将转动一整圈，这样每个乘客都能在 20 分钟的游览时间内转上至少 2 圈。

1893 年哥伦布世界博览会大道乐园里的费里斯摩天轮

当时乘坐一次旋转木马收费 5 美分，而乘坐一次摩天轮收费为 50 美分，在这样的情况下，摩天轮在短期内产生了巨大的经济效益。

当哥伦布世界博览会结束时，如何处置摩天轮成了新的问题。有人提出可以把它拆掉运到纽约再进行组装，但是这要花费 15 万美元，在当时可以说是天文数字了，因此没能实现。从 1893 年到 1894 年的整个冬天，这座巨大的摩天轮就静静地矗立在废弃的世博园里。第二年春天，人们将它的部件拆解开，进行编号，装上火车，带有轮毂的轮轴被装进了一节用来装载克虏伯炮的特殊车厢。然而，这一列火车并未开动，接下来的整个冬天，摩天轮的部件都被放在铁路一旁。直到 1895 年春天，它才在芝加哥的北克拉克街重新完成组装，但是它所身处的小型游乐园并不能吸引足够多的游客来支持它的运营。1904 年，在圣路易斯举办的路易斯安那交易博览会（Louisiana Purchase Exposition），费里斯摩天轮最后一次被搭建起来，在那之后它就被遗弃在了当地。生锈的轮轴最终于 1906 年被炸毁，也有传言坚持宣称它仍然被埋在森林公园的地下。

尽管第一座摩天轮的结局并不光彩，但它确实招来了许多模仿者，而且这些模仿者在许多方面都超过了费里斯设计的摩天轮。1894 年，在旧金山博览会上建起了弗斯摩天轮（Firth Wheel）。尽管它的直径只有 100 英尺，但是较高的地势使得游客们能从海拔 300 多英尺的高处俯瞰太平洋。19 世纪 90 年代末期，英国海军退役军官沃尔特·巴西特（Walter B. Basset）建造了几座和费里斯摩天轮相当，甚至超越它的大型摩天轮。他搭建的第一座摩天轮是参加了 1895 年伦敦东方博览会（Oriental Exhibition）的"大摩天轮"（Great Wheel），直径达 270 英尺。它的优势包括设置了吸烟车厢和禁烟车厢，以及允许游客额外付费参观中空的轮轴。位于度假胜地布莱克浦（Blakepool）海岸的"巨型摩天轮"（Gigantic Wheel）曾经为一个车厢配备了一张乒乓球桌，并发布了宣传广告，称"每个人都能在此尽兴玩耍"：

北英格兰最优美的钢铁建筑。

工程师们应来观看！

世界上最赏心悦目的景色。

画家们应来欣赏！！

最有趣的取景地。

摄影师们应来拍照！！！

全宇宙最新鲜的空气。

医生们应当推荐！！！！

巴西特为 1900 年巴黎世博会搭建了直径 300 英尺的摩天轮"巨轮"（La Grande Roue），但在 1920 年这一摩天轮被拆除了。1897 年，他在维也纳搭建了直径 197 英尺的"维也纳摩天轮"（Riesenrad），其在第二次世界大战期间遭到破坏之后又进行了重建。直到 1981 年，它一直是世界上仍在运行的最大的摩天轮，直到日本建造了一座直径 208 英尺的摩天轮，这一纪录才被打破。现在，世界上最大的摩天轮是"巨人皮特"（Giant Peter），位于日本兵库县姬路市中央公园（Himeji Central Park）。1996 年，官方宣布将在伦敦泰晤士河河边建造一座直径 500 英尺的摩天轮，以纪念千禧年的到来。

为伦敦设计的大型摩天轮

　　许多摩天轮也逐渐从相关的游乐园中独立出来。尽管它们不一定都具有很高的工程水准，但如同从回形针到轮船等人工制品的演变过程一样，每一个新设计的摩天轮，都是人们从之前的产品可能或已经发生的失败中吸取教训，然后才达到完美的最终成品。由于巨型摩天轮最大的缺点之一就是安装、拆卸和运输成本过于高昂，桥梁工程师威廉·沙利文（William E. Sullivan）便专注于开发更加轻便的结构。1900 年他在伊利诺伊州的杰克逊维尔（Jacksonville）搭建了自己的第一座摩天轮，直径 45 英尺。后来，他在伊利诺伊州的路德豪斯（Roodhouse）成立了伊莱桥梁公司（Eli Bridge Company），并宣传说“新式伊莱大摩天轮”于 1906 年开始接受预订。这种摩天轮“装成以后很大，拆卸下来又很小”，能方便地进行安装，不同于需要几周时间进行准备的费里斯摩天轮，它在几小时内即可拆卸装车，准备好运输到另一个展览会场。1919 年伊莱桥梁公司搬迁到杰克逊维尔，可以方便地利用南北和东西向的两条铁路线，它至今仍然是摩天轮的主要制造商之一。

尽管现在摩天轮仍然是展览会大道乐园区的主要项目，但按照今天的标准，摩天轮就会被认为略显平淡枯燥了，而且传统的摩天轮在搭乘时必须频繁暂停，一次也只能换乘几位乘客。为了解决这一问题，1901年布法罗泛美博览会（Pan American Exposition）上搭建的"飞翔巨环"（Aerio Cycle）在跷板梁两端分别设置了一个小型转轮，这样一部分乘客在半空中游览的同时，另一部分乘客就可以进行换乘。金门大桥的首席工程师约瑟夫·施特劳斯结合自己建造拱桥的经验，为1915年巴拿马万国博览会（Panama-Pacific International Exposition）设计了"空中观测者"（Aeroscope），可以将118人运送到200英尺的空中。他让摩天轮的基座也旋转起来，使得每个人都能欣赏到旧金山的全景。这座摩天轮用一节两层楼大小的车厢来搭载所有乘客，这样所有人就可以同时在空中观景了。

　　康尼岛（Coney Island）上有一座直径135英尺的"梦幻摩天轮"（Wonder Wheel），它一共有24个车厢，其中有16个被安装在轨道上，这样摩天轮每次转动时，车厢都可以左右滑动。另外一座摩天轮"拉链"（Zipper），虽然一次只有两个车厢可以换乘，但是不论轮架是否在转动，车厢都可以自由摆动和上下翻转。还有其他一些摩天轮可以整体下降到水平高度，从而实现所有车厢的同步换乘。而位于芝加哥北部伊利诺伊州格尼市（Gurnee）的美国六旗主题公园（Six Flags Great America theme park）里的摩天轮"天空旋涡"（Sky Whirl），当它蜘蛛腿状轮臂上的　个车厢进行换乘时，其他车厢仍然可以在高空转动。坐在"天空旋涡"上，今天的乘客们可以隐约看到南方40英里远的地方，在众多效仿埃菲尔铁塔建造的摩天大楼的另一边，费里斯摩天轮的幽灵还在大道乐园里不停歇地转动。

17

胡佛水坝

与胡佛水坝（Hoover Dam）相关的一切似乎都非常缓慢。双车道上长串的汽车、公交车、卡车在布莱克峡谷（Black Canyon）的陡峭悬崖上蜿蜒蠕动。行进中的车子频繁地停下来，整车整车的游客探头欣赏壮丽的景色，司机们则忙着在观景台之间寻找停车位。尽管交通如此拥挤，但是司机却很少会表现出不耐烦或者选择其他路线。在这一地区开过车的人都知道，95号高速公路（U.S.Highway 95）是一条沿着大坝顶端蜿蜒伸展的弧形公路，它是戴维斯大坝（Davis Dam）和纳瓦霍大桥（Navajo Bridge）之间唯一一条能够跨过科罗拉多河（Colorado River）的公路。从位置上来看，戴维斯大坝位于南面50英里处的加利福尼亚州边境线上，纳瓦霍大桥则位于东面150多英里犹他州边境附近，比米德湖（Lake Mead）和大峡谷（Grand Canyon）都更远，是一座横跨亚利桑那州马布尔峡谷（Marble Canyon）的钢拱桥。

在沙漠地区的高温下，行人们在大坝的顶部像蜗牛般交错前行，依据设计，这里不会有任何水流经过。夏季每天可能会有数千名游客来参观胡佛水坝，其中大多数人会排队乘上巨大的电梯，电梯每次搭乘 20 人，下降到 600 英尺之下的大坝内部作业区。许多游客来自西北方距此 35 英里处的拉斯维加斯（Las Vegas）。尽管拉斯维加斯充斥着喧闹和霓虹，赌场忙着争抢游客的钱财，但游览胡佛水坝仍被视为来到这里的必做事项之一。高调的宣传或有将工程成就渲染成娱乐胜地的嫌疑，但很少有来到布莱克峡谷欣赏这一杰作的人，会对那里明显的宁静与和谐感到失望。

在排队等待电梯的时候，游客有充足的时间向下俯瞰：被驯服的科罗拉多河河水从陡峭的悬崖之间流入莫哈维湖（Lake Mohave），再经过戴维斯水坝以及其他水坝，流向墨西哥境内和加利福尼亚湾（Gulf of California）——或者说河水至少没有流入科罗拉多河引水渠（Colorado River Aqueduct）或全美运河（All-American Canal）而使南加州（Southern California）受益。如果游客对河流最终的去向并不感兴趣，那么只要不会感到头晕，他们就可以从护栏边向下望，沿着陡峭的坡，他们可以从坝顶看到坝底，还会看到参观水电站时要进入的那栋建筑的方形屋顶。或许在游览途中，人们也会谈论起作为水坝上游主要景观的四座进水塔，其中相邻的两座在靠近顶部的位置各有一座巨大的时钟。这两座钟上分别贴有"内华达州时间"和"亚利桑那州时间"的标签，它们的示数会在 1993 年的夏天变得相同，因为亚利桑那州这边的时钟在春天的时候并没有拨快小时，所以太平洋夏季时间和北美山区时间就变得一致了。但是，这种看似平静和谐的表象掩盖了大坝真正的历史。

如同密西西比河会给毗邻的城市带来巨大收益，也会给中西部带来浩劫一样，科罗拉多河对于西南部来说，既是福祉，又是祸根。尽管上千年来，这条造就科罗拉多大峡谷的大河一直都能为亚利桑那州和南加州这样富裕但缺水的地区提供急需的水源，但在春天和初夏的时候，洪水往往会淹没低洼地区，在夏末秋初时河水又变成涓涓细流，无法实现引水。如果这里的庄稼、牲畜和居民没被早前泛滥的河水浸透，就会发生旱灾。

科罗拉多沙漠（Colorado Desert）和低于海平面的索尔顿洼地（Salton Sink）有富饶的沉积土壤，是很有发展潜力的两块土地。临近世纪之交，它们被加利福尼亚开发公司（California Development Company，简称CDC）的土地开发商改名为帝国谷（Imperial Valley）。开发商保证会从科罗拉多引来充足的水源，改善原本干旱的土地。在开始的几年里，方案执行得非常顺利，这一地区也迎来了繁荣发展的时期。但灌溉水渠很快就发生了堵塞，面临着土地所有者的诉讼，CDC必须尽快找到一种新方法来输送科罗拉多的水源。仓促之间，CDC提出从墨西哥引水的计划，这一计划同时也削弱了新成立的美国开垦局（U.S. Reclamation Service）指控他们垄断供水带来的负面影响。一开始，计划进行得还比较顺利，但在1905年的春季和秋季，来自科罗拉多的洪水过于迅猛，河流改道注入了索尔顿洼地，导致这一片变成了索尔顿湖（Salton Sea）。作物的惨重损失、表层土壤的严重流失以及灌溉系统的崩溃造成了高达数百万美元的损失，这让帝国谷的前景呈现出灾难性的征兆。两年后，科罗拉多河终于恢复了原来的河道，但是河流开发和保护的根本问题仍然存在。

科罗拉多河向南输送的大量淤泥不断抬高河道，因此人们需要不断维护防护堤以及灌溉系统的其他组成部分，其中大部分都位于墨西哥境内。

工作人员需要频繁跨越边境的问题最终促成了修建一条完全位于美国境内的新运河的提议。在这种情况下，年轻的菲尔·斯温（Phil Swing）于1917年在南加州水利组织的支持下参加了美国国会会议，以宣传"全美运河"项目。

斯温高效的工作使得计划很快进入了立法程序，但是由于受到亚瑟·鲍威尔·戴维斯（Arthur Powell Davis）——一位在政府工作了40年的老政客的反对，这一提议被否决了。戴维斯对于科罗拉多河的了解不比其他任何人少，他是科罗拉多峡谷探险家约翰·韦斯利·鲍威尔（John Wesley Powell）的侄子，在讨论巴拿马运河方案时担任首席水文学家，并从1902年美国开垦局建立之初就担任这里的工程师。作为许多堤坝和灌溉水渠项目背后的推手，在国会审议"全美运河"方案时，他正是美国开垦局的负责人。1919年，他成功驳回了这一方案，这样一来，人们才得以在科罗拉多河流域探索一项更加复杂和长远的计划。

几年前，戴维斯担任开垦局的监理工程师时，曾提出一个关于科罗拉多排水系统的宏伟计划。约瑟夫·史蒂文斯（Joseph Stevens）曾在他自己讲述胡佛水坝故事一书的副标题中，称其为"一场美国式的冒险"。他认为"戴维斯的计划在规模和重要性上甚至都要超过巴拿马运河的建设"。斯温议员更是激赏，他认为金字塔、中国长城、所罗门圣殿这些工程学壮举在复杂程度上都不及后来的胡佛水坝。国会认为科罗拉多盆地的这一重大问题应交由内政部来研究，而内政部部长阿尔伯特·福尔（Albert Fall）又把这个任务交给了戴维斯负责的机构。1922年公布的《福尔-戴维斯报告》（The Fall-Davis Report）"包含了科罗拉多河及其河谷的详尽水文及地质资料"，但是最引人注意的还是报告中建议政府"在博尔德峡谷（Boulder Canyon）或在其附近"修建一座巨型水坝，通过水力发电来赚回修建成本。

这一更加宏大的计划将会影响到七个州——亚利桑那、加利福尼亚、科罗拉多、新墨西哥、内华达、犹他和怀俄明——但他们必须首先就各自的用水要求达成协议。商务部部长赫伯特·胡佛作为联邦政府代表参加了他们的会议，斯温称胡佛以科罗拉多河委员会中的一位"中立成员"的身份参与了提议工作。作为一名工程师和人道主义者，胡佛提议打破按州划分的困局，将科罗拉多河流域分成上下两片，这一提议获得了除亚利桑那州以外六个州的认同。胡佛回忆道，"亚利桑那州一位对工程一无所知的冒失鬼州长，宣称这将会'剥夺亚利桑那州的基本权利'"。在随后的一条修订案里，批准通过该项目的条件被改为受影响的七州中有六州通过即可，于是在 1922 年，《科罗拉多河协议》（Colorado River Compact）正式签订。

国会议员斯温和加利福尼亚州参议员海勒姆·约翰逊（Hiram Johnson）在 1923 年提出了《博尔德峡谷工程法案》（The Boulder Canyon Project Act），这项法案在华盛顿以及各州都成为激烈讨论的焦点。《洛杉矶时报》（*Los Angeles Times*）的出版商哈里·钱德勒（Harry Chandler）很担心自己在帝王谷以南位于墨西哥的近 100 万英亩土地未来该如何灌溉。而旧金山的威廉·伦道夫·赫斯特（William Randolph Hearst），即钱德勒在加利福尼亚报纸出版业的竞争对手，则支持这一法案。贝弗利·莫勒（Beverley Moeller）以斯温的视角为主视角，详细记录了《斯温-约翰逊法案》(Swing-Johnson Legislation)在国会所经历的若干轮曲折精彩的辩论。卡尔文·柯立芝（Calvin Coolidge）总统在 1928 年 12 月签署了这一法案，最终给这场立法斗争画上了句号。

甚至在《斯温-约翰逊法案》通过之前，开垦局就已经开始对可能的大坝选址展开了详细的勘探。在《福尔-戴维斯报告》公布后，可能的选项被缩减到了位于博尔德峡谷的 5 个位置和大约 20 英里以外的布莱克峡谷的 2 个位置。博尔德峡谷的基石已知是花岗岩，而布莱克峡谷的基石则是火山凝灰岩（一种压实的火山灰），所以戴维斯在报告中使用了"在博尔德峡谷或其附近"的表述。然而，进一步的调查显示，布莱克峡谷下部的位置是所有选择中最为理想的。其他的考虑因素还包括，布莱克峡谷的裂缝和断层较少，淤泥和碎渣更容易清理，开挖更加容易，并且峡谷通道更加狭窄，所需要的混凝土也就更少。另外，混凝土所需的沙子和砾石矿床就在附近，潜在的水库建设面积更大，而且通过附近的拉斯维加斯也可以更为便捷地进出峡谷。

除了大坝的选址，设计图纸的细节也需要明确。与所有工程结构一样，人们需要通过判断筛选最初几种可能的几何结构，之后再进行更精细的分析，直至得出最后的最优方案。已经更名的农垦局（即原开垦局）设在丹佛的机构对大约 30 种几何结构进行了研究，工程师们对这些假设的大坝模型进行了应力分析，包括混凝土冷却和老化产生的应力。在数字计算机出现以前，人们习惯使用模型（这时的模型都用橡胶和灰泥制成）来指导和检查理论及手动计算。最初的规范要求大坝任何地方的应力都不得超过 30 吨每平方英尺。最终人们发现这个条件过于苛刻，因此在最终设

　　　　　　　　　　再造世界｜工程师的冒险

计中放宽到了 40 吨每平方英尺。这大约相当于 550 磅每平方英寸，远低于普通混凝土的抗压强度，因此保证了相当大的安全系数，可防止大坝因自身重量和水压的作用而垮塌。

尽管胡佛水坝的垂直截面类似于用自身重量来防止被水冲倒的重力坝，但它其实基本相当于拱坝，将水压传递到充当基座的峡谷石壁。但从谷底基岩算起足有 725 英尺的高度，再加上与之相应的混凝土的巨大重量，大坝的横截面必须像重力坝一样，形成顶部 45 英尺到底部 660 英尺的结构。在 1930 年的《土木工程》期刊上，农垦局委员埃尔伍德·米德（Elwood Mead）首次发文披露了大坝计划的内容后，大坝的结构完整性成为人们讨论的焦点。

米德用一整段简要说明罗列了一些"设计中遇到的疑难问题"，并展示了结构对于规模效应和设计哲学的敏感性，这两者都对最终的成功至关重要：

> 在设计高于 700 英尺的大坝时，应力会成为非常重要的影响因素，而它对于普通尺寸的大坝来说则相对没那么重要。人们必须仔细研究和检查设计假设中可能存在的错误，必须慎重决定如此大规模的混凝土的物理性质和材料用量的改变，必须准确计算材料自重和水平方向的水压造成的主应力，以及由于其他因素可能产生的二次应力。

不过，米德并没有详细地论述这些技术问题。不久之后，旧金山的咨询工程师小 M. H. 格里（M. H. Gerry, Jr.）在《土木工程》上发表文章质疑大坝的安全性和稳定性，质疑格里的文章则又紧随其后。大约在米德的文章发表一年后，伊利诺伊大学结构工程学教授、农垦局顾问哈拉尔德·韦斯特加德（Harald M. Westergaard）发表了《论胡佛水坝的安全性》（"Safety of Hoover Dam"）一文。他在文中驳斥了格里对于结构原理的错误分析，并宣称："思考结构可能遇到的所有意外情况并想办法解决是结构工程师的工作。"韦斯特加德和农垦局的其他工程师都认为，早在米德将大坝、发电设施和附带工程项目的标准和图纸提交给内政部部长之前，他们已经完成了这一工作。在 1930 年年底，全部内容都得以通过，随后施工招标就开始了。

在 1930 年 12 月 15 日转交了大坝的设计之后，米德在这天的备忘录里提醒内政部部长，大萧条为"这个项目的落地提供了巨大的推动力，要将其作为提供就业岗位和鼓励产业复兴的手段"。项目计划中还阐明了与经济困境相关的种种条款，包括优先向退伍军人和市民提供就业机会，并特别说明"不得雇佣蒙古劳工"。其他的非技术性条款要求在拉斯维加斯东南 23 英里、靠近峡谷的位置建设博尔德城作为施工营地。尽管招标书要求博尔德城的建筑"应有优美的外观，并且不得出现未上漆的棚屋和柏油纸棚"，同时博尔德的城市规划建设也有不少可圈可点之处，但在 60 年后约瑟夫·史蒂文斯所讲述的许多故事里，布莱克峡谷与悲惨的工作环境联系在了一起。

招标定于 1931 年 3 月 4 日在丹佛举行，但是没有几家建筑公司拥有足够的经验和资源，以及发行 500 万美元债券的能力来参与这场竞争。最后中标的是为该项目组成的一个临时组织，名为六公司股份有限公司（Six

再造世界｜工程师的冒险

Companies, Inc., 简称"六公司")。由犹他建筑公司（Utah Construction Company）、太平洋桥梁公司（Pacific Bridge Company）、麦克唐纳—卡恩公司（MacDonald-Kahn Construction Compan）、莫里森—克努森公司（Morrison-Knudsen Company）、J.F. 谢伊公司（J.F. Shea Company）以及由贝克特尔（Bechtel）、凯泽（Kaiser）、沃伦（Warren）三家承包商临时合办的凯泽路桥公司（Kaiser Paving Company）组成。（当沃伦兄弟公司 [Warren Brothers] 遇到财政困难时，其余七家公司［通常不包括贝克特尔］就组成了"六公司"。）每家合伙公司自然都有自己的专长，莫里森-克努森公司就拥有"美国最出色的大坝建筑师"——弗兰克·克罗（Frank T. Crowe）。

克罗于 1905 年从缅因大学（University of Maine）土木工程专业毕业，在为农垦局工作期间，他积累了在大型混凝土堤坝建设方面最前沿的经验。在这一领域工作了 20 年之后，他受邀担任农垦局的建设总监，主要在办公室里工作，但在一年之后，他就辞去了这一职务，加入了莫里森-克努森公司，以便能再次直接参与大坝的建设。正是克罗率先提出了博尔德峡谷项目的招标数据，并在 1931 年 2 月初旧金山工程师俱乐部（Engineers Club of San Francisco）的一次会议上将其提交给了六公司的代表。3 月项目招标开始后，六公司以 4900 万美元——比农垦局工程师估价的 0.05% 还低的价格中标。直到第二次世界大战为止，这一合同一直是美国政府有史以来最大的合同。

为了成功建造大坝，必须首先通过穿过峡谷石壁的通道对河流进行分流。要保持施工场地的干燥，则需要在上游和下游分别修建分洪坝和围

胡佛水坝

堰，但修建时间必须赶在每年的汛期间隔期。主水坝建成后，大部分的分流通道就会被封堵起来，但是有些通道会成为向水电厂涡轮机输送水流的管道系统的一部分。大约两年后，河床已经经过清理露出了基岩，第一部分的混凝土模板也搭建起来。混凝土浇筑在 1933 年 6 月 6 日开始，并在接下来的两年中昼夜不停地进行着。两个专门建造的搅拌站生产出 300 万立方码混凝土，被浇筑进大坝的连锁单元。混凝土里埋设的间隔 5 米的冷凝管带走了水化热，以免大坝冷却收缩时产生裂缝。完工的大坝于 1936 年 3 月 1 日被移交给政府，这比计划提早了两年多，同年秋天，水力发电厂就开始发电了。

1935 年 9 月 30 日，富兰克林·罗斯福总统宣布大坝完工。在仪式上，首先发言的是内政部部长哈罗德·伊克斯（Harold Ickes），他多次将这座建筑称为"博尔德水坝"，并宣称："这一伟大工程不应冠以任何在世之人的名字，相反，应该用像水坝本身一样壮观、有特色且振奋人心的名

　　　　　　　　　　　　　　再造世界｜工程师的冒险

称来命名。"他的意思是，水坝不应该用还健在的胡佛的名字来命名。实际上，伊克斯的讲话又再次开启了关于水坝名字的争论，这一争论可以追溯到早前的一场捐赠仪式。在仪式上，为了感谢国会拨给博尔德峡谷项目的第一笔专款，人们将一枚由内华达州的白银制成的钉子钉入了铁轨，这条铁轨将施工场地和拉斯维加斯的联合太平洋铁路（Union Pacific Railroad）连接了起来。负责签字的是胡佛总统手下的内政部部长雷·威尔伯（Ray Wilbur），他发表的言论令在座的很多人十分惊讶："我很荣幸，以一位真正开启这项有史以来最伟大工程的伟大工程师的名字，将这座水坝命名为胡佛水坝。"

从那一刻开始，对这座水坝的命名就成为一个充满争议的问题。1939年，美国土木工程师协会（简称 ASCE）在学会会刊里采用了胡佛水坝这个名称，并表明这一名称在伊克斯与司法部部长霍默·卡明斯（Homer Cummings）之间的书信往来中就有使用。卡明斯宣布胡佛水坝应作为官方名称，因为在拨款法案和政府合同中均使用了这一名称，而不应以包含了发电厂和附属工程的博尔德峡谷工程为名。1947 年，共和党第 80 届代表大会通过了法案，恢复了胡佛水坝这一名称。不论它的名字是什么，这些年来，已经有超过 2700 万人来参观过这座水坝，人们对于 1955 年 ASCE 在坝顶的中心附近竖起的一块石碑的内容至少已经达成了共识，上面写道，这座大坝是美国七大现代工程奇迹之一。

18

英吉利海峡隧道*

人们对于技术发展存在一个普遍的误解，即工程师们只需要将特定时段内在物理上可行的东西拼凑起来，事情就会自然而然地朝着他们希望的方向发展，并引来其他人的跟风效仿。这一观点在 1933—1934 年举办的芝加哥世纪进步博览会（Century of Progress Exposition）的宣传标语——"科学发现—工业应用—人类适应"——中有更直观的体现。这一误解既非起源于 20 世纪 60 年代的反文化运动，也非起源于第二次世界大战时期人们对于发展核武器的反应。它的起源可以追溯到 19 世纪的拉尔夫·沃尔多·爱默生提出的一个说法：一切都在马鞍上，驾驭着人类**。他所使用的隐喻毫无疑问是恰当的，因为这种误解现在已经极为普遍了。

事实上，工程师和发明家几乎没有机会单枪匹马地实现自己的想法。

---

* 英吉利海峡隧道（The Channel Tunnel）又称"英法海底隧道"或"欧洲隧道"，是一条连接英伦三岛与法国和其他欧洲国家的铁路隧道。——编者注

** 原文为"Things are in the saddle, / And ride mankind"，即科技进步带领人们走向那些人们从未想去的地方。——译者注

技术发展是一项社会事业，需要律师、银行家、商人等非技术领域工作者的合作和支持。如果希望能够产生巨大的影响，即使对于最小的产品来说也需要合作，因为几乎没有几个工程师愿意花费精力同时处理申请专利、筹措资金和市场营销的烦琐问题。

对于规模较大的技术工程，例如州际高速公路系统，如果没有政府的批准和财政支持，工程师甚至都无法轻易开始工作。尽管现在限制性的法案、法规、影响报告、声明、听证会以及其他形式的约束可能比之前更加正式和明确，但是即使过去只是通过布告或有影响力的人物来发挥作用，社会对科技的约束力也是始终存在的。如果国内的项目都如此受制于社会压力，可想而知，将国际工程设想付诸实践则只会面临更多重的困难。

如今，英格兰与法国之间的通道已经是一个工程事实了，但在将近 250 年前，它还只是 19 世纪的法国工程师尼古拉·德马雷（Nicolas Desmaret）口中的一个想法。但他并非第一个站在多佛（Dover，法国称其为加来 [Calais]）的悬崖上想象如何在海峡之下开凿隧道的人。不过，正如哲学家们可以发问：如果没有人在旁聆听，那么当森林中的一片树叶落下时，是否发出了声音？我们也可以发出这样的疑问：如果一个人在自己的脑海中构想出一条隧道，但从未告诉过其他人，也从未让其他人参与评估，这能否算作一个工程设想呢？因为工程是社会事业，所以完全个人的幻想和梦想并不能冠以工程之名。更何况，虽然提出工程计划是重要的一步，但是工程计划距离实现也还有很长的路要走。詹姆斯·基普·芬奇（James Kip Finch）以此为主题，写作了自己那本意义非凡的历史学专著《工程与西方文明》（*Engineering and Western Civilization*），并且在书的前言开头引用了自己 1927 年在哥伦比亚大学（Columbia University）对工程系学生们所说的话："成就一项工程的，并不是设计稿中体现出的卓越技术，而是它在多大程度上满足了经济与社会的需求。"

尽管德马雷在 19 世纪提出的隧道设想在技术层面也显得拙劣，但他确实提出了这一问题，让后来的工程师得以继续研究。1802 年，法国采矿工程师阿尔贝·马蒂厄（Albert Mathieu）在巴黎向人们展示了在海峡底部修建一条长达 18 英里的隧道的计划。隧道内部使用油灯照明，利用露出海面的烟道进行通风。在海峡的中间需要修建一座人工岛，以便在英法两国之间飞速奔驰、搭载大批乘客和邮件的马车在此换马。马蒂厄的想法引起了当时的第一执政官拿破仑·波拿巴（Napoleon Bonaparte）的注意，他对此进行了深入思考，并在签约《亚眠和约》*（Peace of Amiens）期间的一次会议上，与英国政治家查尔斯·詹姆斯·福克斯（Charles James Fox）进行了讨论。福克斯认为两国可以合作完成这项工作。正如许多这样伟大的项目一样，随后人们也提出了许多其他方案，包括第二年提出的在海底埋入水下管道的方案。但是随着两国关系的降温，这一想法也随之搁置一旁。

最早提出修建隧道计划的时候，人们对于海峡底部的情况还知之甚少，但在 1833 年，一位年轻的法国土木工程师和水文学家艾梅·托梅·德·加蒙（Aimé Thomé de Gamond），开始系统地对这一课题进行研究，这项研究持续了 43 年。他通过水深测量建立了海底地形数据档案，

---

* 《亚眠和约》是 1802 年 3 月英法两国在法国北部索姆省省会亚眠签订的条约，根据和约两国暂时休战。但是，在和约签署的第二年，英法大战再次上演。——编者注

并提出了几种修建通道的方案——一种是将预先制造好的钢铁管道放到海底；另一种是通过建造砌体管道，形成一个可移动的水下护罩进行覆盖——以及5套不同的桥梁方案。由于"航海家们的坚决反对"以及修建桥梁的高昂成本，加蒙不得不对当时海峡底部无人知晓的地貌条件进行探索。据说他曾亲自下潜到100英尺甚至更深的地方，进行粗略的观察之后，确信在海峡之下挖掘隧道是可行的。

加蒙设计的隧道有21英里长，隧道上方会修建12座配有通风井的人工岛。通风井还要配备"海水阀门"，这样一来，如果英法两国之间爆发战争，就可以把隧道灌满海水。毫无疑问，这样的设定是为了消除人们对于它可能会成为一条入侵路线的担忧。在未来的许多年里，两国人都一直为此感到忧虑，而且英国人比法国人更甚。1856年，加蒙得到了拿破仑三世（Napoleon Ⅲ）的关注，后者随后委任学术委员会对此项目进行评估。委员会对这一想法印象很好，但认为需要更多技术层面的信息才能做出决定。另外，委员会认为在讨论具体的技术细节之前，英法两国的政府之间必须达成初步的共识。

受到委员会答复的鼓励，加蒙联系了英国的著名工程师们，而且得到了伊桑巴德·金德姆·布鲁内尔的支持，后者曾参与其父亲主持的泰晤士河水下隧道项目，也曾在伯克斯主持修建穿越鲕粒岩山脊长达2英里的铁路隧道。阿尔伯特亲王也对海峡隧道这一想法非常支持，维多利亚女王同样也很支持，由于饱受晕船之苦，女王本就想要寻求另一种穿越海峡的方法。然而，在1858年加蒙访问英国期间，总理帕默斯顿勋爵（Lord Palmerston）代表众多想要保全英格兰岛独立性的英国人，向这位法国工程师说道：“什么！您假意邀请我们参加这项工作，却是为了缩短我们认为已经太短的一段距离！”同年，一个刺客使用伯明翰生产的炸弹对拿破仑三世进行了暗杀，这使得法国人的兴趣骤减，也使英国人更加担心会遭受侵略。

与此同时，英国和欧洲大陆都已经建立起完善的铁路系统，这使得人们提出各种方案，希望将铁路与海峡隧道连接起来。然而，1500 英尺的布列坦尼亚桥隧道都难以实现烧煤吹灰的蒸汽机车的通行，那么机车要通过 20 英里的海底隧道就更难以实现了。另一位法国工程师埃克托尔·奥罗（Hector Horeau）提议，要解决这一问题，可以通过将浸没的隧道做成合适的倾斜角度，这样机车就可以不依赖蒸汽引擎前进，只需在车辆动能耗尽时提供动力即可。若干年后，随着穿越法国阿尔卑斯山脉超过 8 英里长的塞尼山隧道（Mount Cenis Tunnel）成功通车，以及瑞士阿尔卑斯山脉上 9 英里的圣哥达隧道（St. Gotthard Tunnel）建成，再加上人们对国际贸易的兴趣与日俱增，人们对于能够乘坐火车自由穿越英吉利海峡的海底隧道又重新产生了兴趣。

英国工程师威廉·洛（William Low）十分了解威尔士的煤矿及其通风系统，他提议修建两条平行的单轨铁路隧道，并通过交叉的通道将它们连接在一起。火车在这些相互连通的隧道中进行活塞运动，会让隧道内充满空气，从而自动完成换气。洛的设想为一个世纪之后海峡隧道研究小组提出的最终方案奠定了基础。到 19 世纪 70 年代早期，英国和法国政府已经从理论上一致通过了洛的设想，但双方都不愿做出任何财政上的投入。于是，私人公司为这个项目展开了激烈的竞争，到 19 世纪 70 年代中期，各方已经对英吉利海峡进行了 8 次严格的调查，包括 7700 次水深测量，共取得 3267 份地质样品。这些材料证实，海峡以下所谓的下白垩层除了海岸线附近的一些区域以外并无断裂，都是延续不断的。

下白垩层，也被称作森诺曼阶或泥灰质白垩岩，非常适合隧道施工，因为内部基本没有燧石，且几乎不透水，尤其是在较深层与黏土混合的位置。下白垩层的特性与上、中白垩层相反，上、中白垩层满是坚硬的燧石，存在许多裂缝，并且含水。铁路工程师爱德华·沃特金爵士（Sir Edward Watkin）接手了洛的方案，并于 1880 年在下白垩层开挖了一条半英里的试验隧道，以便确认其特性。开凿隧道时，人们使用了一台享有专利的掘进机，并普遍认为这台掘进机的专利属于弗雷德·博蒙特（Fred Beaumont）上校，但也有人说它是由一个叫托马斯的英国人设计的。这台机器巧妙地利用压缩空气为旋转的刀片提供动力，而且能在工作区域实现换气，这使得它成为当时人们热议的对象。这段隧道也成为人们参观游览和举办募捐晚会的场所，所有这些活动都鼓励参与者出资支持隧道的修建，在 1882 年初，隧道长度达到了 2/3 英里。

尽管在技术上取得了成功，但政治上的反对声音很快又出现了。阿尔伯特亲王逝世后，维多利亚女王对此事的热情也降低了，首相威廉·格拉德斯通（William E. Gladstone）对于将"快活的英格兰"与欧洲大陆连通起来则持保留意见。其他人也随之附和。伦敦的《泰晤士报》（The Times）评论说："这项设计非常出色，既改进了机车的运行方式，又使得乘客们不用担心晕船的问题，但是从国家的角度考虑，一定要谨慎小心地对待。"甚至连在英国出口处修建防御工事以及布置可以炸毁隧道的炸药以应对入侵等这些保证都无法削弱民众的仇外情绪。当工程师们保证可以用水灌满隧道以制止入侵时，《十九世纪》（*The Nineteenth Century*）的编辑援引了莎士比亚的诗进行反对：

圣王之位，权杖之岛

威严之所，战神之宫

再造伊甸，人间天堂

自然壁垒，病乱无地

小小世界，众人安乐

银海美玉，为墙为壕

宵小觊觎，无力逾越

这位编辑进一步用威胁代替诗歌，他宣称，对于工程师们来说，"依赖水龙头的成功运作或任何机械装置来掌握关键时刻英格兰的生死存亡，无疑与这一代英格兰人的信念相悖"。

贸易部叫停了所谓的博蒙特隧道（Beaumont Tunnel）项目，并裁定无论爱德华·沃特金爵士是否拥有隧道入口处的土地，仍然是皇室控制着海岸低水位线直到附近3英里英国领海范围内的下白垩层。（这段未经衬砌的隧道在接下来的一个世纪中，一直保持着良好的状态，这使得20世纪人们再次开挖隧道时充满了信心。）尽管政治上的反对占据了上风，但日益年迈的爱德华·沃特金爵士一直坚持到19世纪90年代中期才最终放弃了这一项目。

大约 10 年后，修建海峡隧道的想法再一次被提起。英法两国之间的关系得到改善，与此同时，电力机车开始投入使用，因此大众对水下火车隧道的兴趣又重燃了，包括修建一条穿越哈德逊河的隧道，将宾夕法尼亚铁路经新泽西修至纽约的想法也被提了出来。

像处理泥土问题等隧道开挖技术的进步，消除了所有现存的技术方面的质疑，但是政治上的反对声音仍然存在。为了缓解英国人的恐慌，法国建议在本国的唯一出口处修建马蹄形高架桥，一直延伸到海中，经过很长一段路程再与海岸铁路相接。这样，在战时英国舰队可以控制这一入口，并在必要时切断通道。

第一次世界大战期间飞机被发明出来，英格兰岛屿的位置突然变得缺乏保护。战后，隧道终于得到了大众的支持，但是也有一些人借口战后的特殊情况，反对隧道的修建。20 世纪 20 年代后期人们曾短暂重拾过修建隧道的想法，但是由于 30 年代萧条的经济状况，计划再次搁置。第二次世界大战使得一些英国人担心德国会通过海底隧道秘密入侵，但是其他人反对称，如果有隧道的话，英国在欧洲大陆的战场上就能更加高效地对抗敌人。战后，人们对隧道讨论得很少，一部分原因是重建国家更为紧要，另一部分原因是海峡隧道公司的办公室和文件材料都在闪电战中毁于一旦。

到 20 世纪 50 年代中期，原子弹使得军事争议有了新的考虑因素，喷气式飞机使得世界越来越小，因而人们对投资修建跨国隧道有了新的经济方面的兴趣。这一想法吸引了一些大型工程项目的推进方，例如国际法律师弗兰克·戴维森（Frank Davidson）和小西里尔·米恩斯（Cyril Means, Jr.）。他们阅读了 19 世纪人们在海峡隧道上的尝试，于是找到具有丰富的大型工程经验的苏伊士运河公司（Suez Canal Company），同时希望促成与饱受煎熬的英法隧道公司的合作，并在1957年组建了新的海峡隧道研究小组来重新研究这一问题。这一次，小组使用了现代电子地理设备和深孔钻岩技术，重新确定选址的地形特征，并完成了建设费用和后期收益的财政预测。另外，小组还研究了各种隧道和桥梁方案（其中大多数还是沿袭了20世纪提出的老路线和老方法），充分考察了它们的技术可行性和费用。1960年，研究小组得出结论，认为最好的方案是建设一条使用轨道的隧道，机动车辆可由有轨火车车厢搭载通行，这也正是最终取得成功的计划。

当时，针对该项目的大部分反对意见都聚焦在财务问题上。对其他替代方案的讨论引发了竞争激烈的商业利益集团的抗议，例如渡轮公司和气垫船的支持者。研究小组最初的建议是，私人企业只建设隧道部分，内部道路和相关设施的建设以及机车车辆应由英法两国政府来负责。在一片反对声中，小组后来又同意在隧道终点和内部通道的建设上与私人资本进行金融合作，从而减少公共资产的投入，但是这一项目还是没有获得认同。

即便不会带来直接的经济利益，政府对于跨海隧道的认可仍然是十分必要的，最终，在20世纪70年代中期，这件事以"法英条约"的形式尘埃落定。英吉利海峡隧道公司（Channel Tunnel Company）和法国海峡隧道委员会（Société Française du Tunnel Sous la Manche）将协调英法两方的铁路公司，并约定各方在运营的前50年共享收益，50年后所有权将归各自政府所有。初步的合同签订后，隧道工程重新启动，人们期待这次能够完成条约的最终签订。然而，1975年，就在最终的条约签订前，英国退出了这一项目，表面原因是伦敦到海岸间的铁路线路现代化的不确定性。

为了挽救该项目，人们进行了多种尝试，在 20 世纪 80 年代前期，一个新联盟建立了起来，参与者包括英国铁路公司（British Rail）、法国国家铁路公司（Société Nationale de Chemin de Fer Français）和私营的欧洲海峡隧道组织（European Channel Tunnel Group）。这给隧道项目带来了新的希望。1981 年，英国首相玛格丽特·撒切尔（Margaret Thatcher）和法国总统弗朗索瓦·密特朗（François Mitterrand）在伦敦举行首次会面，并宣布成立联合技术委员会对该项目做进一步的讨论。在随后的首脑会议上，他们向各方发出公开邀请，要求在 1985 年 10 月 31 日前提交相关方案。

共计 10 个方案被提交上来，其中 4 个方案得到了严肃的讨论。它们包括"欧罗巴大桥计划"（Eurobridge），即用椭圆截面的隧道完全包裹多层铁路；"欧洲连接线计划"（Euroroute），包括隧道、桥梁和人工岛；"海峡高速计划"（Channel Expressway），包括四条独立的隧道；以及"欧洲隧道计划"（Eurotunnel），也就是最终得到采纳的方案。这种铁路隧道的构想，是由英吉利海峡隧道公司和法国国家铁路公司共同提出的，它还可以为汽车提供运载服务。这一构想基本与 20 世纪 50 年代的项目计划相似，也与一个多世纪前由威廉·洛提出、爱德华·沃特金爵士启动，却被英国贸易部叫停的方案惊人的类似。

随着项目开始和 55 年特许经营权的批准，英法两国的投资者名声大噪，初步的现场工作可于 1987 年开始，预计 1993 年开通运营。虽然有所推延，但考虑到该项目的规模及其历史，它的进度已经算是无比接近计划表了。最终，这条隧道于 1994 年年中开放。不幸的是，在运行了一年多之后，由于通行收入不足以偿还债务利息，欧洲隧道项目陷入了财务困境。

毫无疑问，众所周知的"海峡隧道"将继续连通英法两国的交通，也将继续作为 20 世纪最为杰出的技术成就之一而存在。然而，尽管这一技术还比较原始，但其实在早先的尝试中，技术水平就已经足够了。直到今天，在废弃封闭的博蒙特隧道里还掩埋着一台老旧落后的镗床，以作为对这一历史事实的纪念。英吉利海峡隧道这类工程的成功，离不开工程和技术的支持，同时也离不开政治、经济因素以及人们的愿望。

19

吉隆坡石油双塔

　　二十多年来，110 层高的西尔斯大厦（Sears Tower）一直是世界上最高的大楼。这座位于芝加哥环线外、由九根钢管组成的建筑高出地面 1454 英尺，相当于 5 个橄榄球场地连在一起。从 1974 年完工时起，这座建筑就把所有其他的摩天大楼笼罩在阴影之下。在它一年前完工的纽约世贸中心（World Trade Center）高 1368 和 1362 英尺的双子塔，仅仅短暂地保持了最高建筑的纪录。在此之前，像西尔斯大厦一样，除去严格意义上不能算作建筑一部分的广播塔，1250 英尺高的帝国大厦（Empire State Building）保持建筑高度的纪录超过四十年之久。帝国大厦完工于 1931 年，超过了当时建成一年的克莱斯勒大厦（Chrysler Building），后者高 1046 英尺，是第一座打破神奇的 1000 英尺界限的建筑。此前的伍尔沃斯大厦（Woolworth Building），一座 792 英尺高的哥特式商业教堂，是在同名公司旗下一系列以现金交易的小零售店的资助下建造的，它也保持了近二十年世界最高建筑的纪录。

摩天大楼（Skyscrapers）——这个名字在 19 世纪 80 年代出现，芝加哥 100 英尺高的建筑成为当时结构工程学意义上的奇观——似乎在当时如雨后春笋般涌现。事实证明，芝加哥和纽约对于这种形式的建筑最为青睐，资金支持也更大。伴随着像亚特兰大、休斯敦、洛杉矶以及西雅图等城市的经济和人们乐观情绪的增长，在整个 20 世纪的大多数时间，摩天大楼都被看作美国独具一格的城市风景。然而，在 20 世纪的最后十年，摩天大楼已经跨越了太平洋，矗立在了远东地区。今天大多数建设世界上最高建筑的提议都出现在日本、中国等地。它们不仅仅是提议，最终也都建成了。1996 年，当时世界上最高的建筑出现在马来西亚吉的隆坡（Kuala Lumpur，Malaysia），其高度达到了 1482 英尺。

马来西亚联邦是一个拥有约 2000 万人的东南亚国家，其人民大多数生活在西马来西亚，即位于赤道上方的马来半岛——泰国以南新加坡以北的地区。（1963 年建立的联邦曾包含新加坡，但它在 1965 年脱离了联邦。）马来西亚的国土被中国南海分隔成西马来西亚和东马来西亚两部分。东马来西亚由沙巴、沙捞越两州组成，位于更东边的世界第三大岛屿加里曼丹岛（Kalimantan）北部。马来西亚的首都吉隆坡位于现代化的南北交通要道，因此到达新加坡也只需要 5 个小时的车程。这个城市的梳邦机场（Subang Airport）拥有通向世界各地的直达航班，以及每小时往返于新加坡的飞机，可以从空中俯瞰橡胶树之间翠绿的高尔大球场——这是马来西亚正在发生改变的标志，曾经，这里被形容为"一个受到中国与印度强烈影响的、主要说马来语的伊斯兰国家"。

在 20 世纪 80 年代，马来西亚的经济基本依赖于像棕榈油、橡胶和

再造世界｜工程师的冒险

锡一类的商品。然而，伴随着马哈蒂尔·本·穆罕默德（Mahathir bin Mohammad）总理领导的政府的成立，马来西亚开始将自己定义为一个流动性很强的国家。据说这位医学出身，强势且有影响力的总理"重新解释了伊斯兰教，使其许可对财富和科技知识的追求"，同时，政府的官方目标改用国家语言马来语表述，改称"Wawasan 2020"，英语里叫作"Vision 2020"（2020 蓝图），并且马来语也是在本国商业和制造业中通用的语言。这份蓝图要求马来西亚在 2020 年以前转变为一个发展完全的工业化国家，把制造业和建筑业作为本国经济的主要推进力。吉隆坡城市中心（Kuala Lumpur City Centre）项目正在大力推动马来西亚的蓝图成为现实。

　　吉隆坡城市中心是一片 100 英亩的开发区，此前是雪兰莪跑马场俱乐部（Selangor Turf Club）。同时，它也是全球最大的房地产开发项目之一。经过 1990 年举办的一场全球性竞标活动，来自美国加利福尼亚州科斯塔梅萨的克拉格斯-卡特-维尔及合伙人公司（Klages, Carter, Vail & Associates）定下了总体规划——建设"一座理想的城中城"。它包含一座 50 英亩的公园，园中有一片湖，园区的大部分都向公众开放，周围还有二十多栋楼房，并配备了办公空间、餐厅、商店、银行、一处会展中心、一处市民中心、一座清真寺，以及一座为所有这些深处热带气候中的建筑提供清凉的水源的工厂。这一价值 20 亿美元的项目，其第一阶段的建造计划就包括广为人知的石油双塔（Petronas Towers），建造双塔花费了大约 8 亿美元，大部分费用由国家石油公司（Petroleum Nasional Berhad）和政府提供，前者是马来西亚国家所属的石油企业，石油双塔也得名于它。由于这两座令人印象深刻的大厦在当时一跃成为世界上最高的建筑，因此它们也就立刻成为吉隆

19 | 吉隆坡石油双塔

229

坡最突出的地标建筑之一。

吉隆坡石油双塔

　　回到 1991 年，总体规划已经制定，另外一场全球范围内的独立设计竞标也开始了。这场竞标需要决定到底以什么样的结构作为吉隆坡城市中心意义非凡的焦点以及入口。康涅狄格州纽黑文的建筑师西萨·佩里（Cesar Pelli）成立的合伙人公司在竞标中胜出。根据佩里的说法，客户想要一座有马来西亚特点的建筑，但却没法说出具体的要求。吉隆坡现存的高层建筑都是四四方方的国际化风格。由于没有本土的结构模型来启发佩里，他便采用了伊斯兰的艺术风格，设计了一个多角星的形状作为他所设计的建筑的底层立面。他早前设计了一个十二角星的图样，但在总理发现原本的几何形状不像马来西亚风格，而更像阿拉伯风格之后，平面图改成了中间有弧线连接的八角星形。

　　摩天大楼——尤其是那些最后要成为世界第一高建筑的大厦——的最

终设计不可能完全由建筑师的设计稿演化而来。一个结构要对抗大自然的力量——或是地震带上的地面运动，或是距离地面几百英尺处的大风，或是太阳从空中照射到地面所产生的热量——都需要结构工程师的远见卓识和精密计算。举例来说，芝加哥结构外露风格的约翰·汉考克大厦就是SOM建筑设计事务所（Skidmore, Owings & Merrill）的建筑师布鲁斯·格拉厄姆（Bruce Graham）和结构工程师法茨拉·卡恩（Fazlur Khan）合作的结果。佩里希望在位于吉隆坡的这两根"巨大的擎天柱"中间加上一座天桥，组成通往城市中心的壮观的入口，同时尽可能少地使用承重柱，防止阻挡办公楼层向外眺望的视野。这样的特点在制图时很容易表现，但要用钢筋混凝土真正实现并非易事。为了吉隆坡的项目，佩里专门到纽约的国际工程设计公司——桑顿–托马塞蒂工程事务所（Thornton-Tomasetti Engineers）寻求结构专家的帮助，以期完成这一目标。查尔斯·桑顿（Charles H. Thornton）是这家公司的主席和主要负责人，他一直以来都很想设计一座世界上最高的建筑，而且他曾经和佩里合作，一起为芝加哥设计了125层楼高的米格林—拜特勒大厦（Miglin-Beitler Building），但最后由于资金问题没有建成。因此，桑顿已经准备好再次和佩里合作，建造高度相当于95层楼高的吉隆坡石油双塔。

设计和建造摩天大楼的挑战，在地面以下就开始了。如果地基不够坚实，建筑很可能会发生沉降，最糟糕的情况可能导致建筑倾斜或倒塌。然而，除非进行大范围的挖掘，否则地下的情况常常难以掌控，何况通常只是进行采样而已，而且这项工作可能要等设计已经基本确定了，工程师们才能确定地点和需要进行的测试类型。结果显示，在吉隆坡的总体规划里，这座凸显风采的建筑的选址位于地下断裂带的上方。要在倾角很大又包含裂缝的岩石上方打基础桩，这就意味着每一个基础桩的位置都必须在施工前好好检查一番。因此，大厦的选址向西南方移动了大约 200 英尺，那个位置上普遍存在裂缝的石灰岩位置足够深，可以确保所有的基础桩都能够接触硬岩，从而保证地基更为完整和牢固。这片河流冲积形成的土地名叫肯尼山（Kenny Hill），曾经这片区域都是硬岩，但是由于长期暴露在热带气候中，硬岩就变得松软了，从地表直到地下几百英尺都是这样。对于地质学家来说，大部分工程师们认为是泥土的物质，他们仍认为是岩石。不过，无论地面的土质是什么，这里挑战性十足的地基条件都使得一些基础桩必须钻至将近 400 英尺深的地下，超出西尔斯大厦地基深度三倍。即便如此，人们还是预计这座新建筑的地基在承受了整座建筑的重量后会下沉 3 英寸。

设计建筑的上部结构带来了另外一组挑战。结构咨询师桑顿和马来西亚兰希·波舍库图公司的合作者共同面对的第一个问题就是要在钢筋和混凝土之间做出选择。尽管最高的摩天大楼都是钢铁建筑，这一建筑材料在马来西亚却并非唾手可得，这里对于进口钢铁征收的高额税赋令人望而生畏，因此他们最终选择用混凝土作为建筑材料。而且，比起混凝土，钢铁建筑的柔韧性更强，有时不得不装备调谐质量阻尼器，从而削弱风力造成的震动所带来的影响。相反，混凝土结构刚度更大，并且具有快速耗散任何已经发生的震动的特点，不过要比钢铁看起来更加笨重一些。建筑师希望石油双塔看起来纤细灵动，并且希望立柱间的距离更大，但传统的混凝土立柱在美学上就会显得尺寸过大，结构上也过于沉重。为了克服这一困难，一种强度极大的混凝土被制造了出来，它的承载力达到了马来西亚——或其他任何地方——在传统建筑中使用的混凝土承载力的三倍。使用当地材料制造出的特殊混凝土，其抗压强度达到了每平方英寸 10000 磅，同时人们采用了最先进的计算机系统来控制其产品品质。

由于采用了高强度混凝土，因此大厦周身的立柱直径可以更小，质量也更轻，进一步减轻了它们的自重。但在大厦的底座部分，立柱的直径还是达到了近 8 英尺。不过两座大楼并不是完全的混凝土结构，搭建在每栋建筑的立柱之间的楼板梁都是用钢材制成的。这样做是为了加快施工速度，缩小楼板厚度，以及方便像冷却管这样的机械装置的安装。每栋建筑顶部的圆锥形结构尤其棘手，需要特殊的结构工程处理，并且它的形状要求安装各种不同尺寸的玻璃面板。这两座建筑破纪录的高度是由顶部的尖顶实现的，它们是建筑和结构本身的有效组成部分，和帝国大厦以及西尔斯大厦在建筑完成后安装的广播天线是不一样的。在石油双塔的尖顶安装完毕之后，摩天大楼纪录的官方仲裁机构高层建筑与城市住宅协会（Council on Tall Buildings and Urban Habitat）立刻确认，西尔斯大厦作为地球上最高建筑的纪录已经被超越*。这两个尖顶依据伊斯兰宣礼塔设计，与哥特式大教堂的尖塔不同，搭建的方式是将尖顶抬升至塔身的最高处进行安装。细节的考量还有更多选择，最终尖顶采纳的设计是原提案的放大版，原提案提出修建一个优雅的塔顶，碰巧，经过修改的版本达到了破纪录的高度。桑顿像一名狂热的水手一样，把每一个尖顶的结构支撑当作帆

---

* 目前世界最高的建筑是阿联酋迪拜的哈利法塔（Burj Khalifa Tower），又名"迪拜塔"。该塔于 2004 年开始动工，2010 年建成，共 163 层，高度为 828 米。——编者注

船的船桅。

使得高楼大厦成为可行的投资目标的并非它们的高度，而是可供使用、出租和销售的楼层空间。楼房越高，就要投入更多的空间给电梯，用来运输楼上楼下成百上千的用户。在石油双塔中，可供使用的楼层空间增加了不少，原因是在楼身的基础上增加了小型的 45 层的结构，称作"裙撑"。裙撑的顶端是伊斯兰信徒的祈祷室，他们每个工作日要祈祷两次。加上裙撑，每一座大厦都有大约 200 万平方英尺的办公空间。大厦内部负责垂直运送人群的运输系统将会采用双层快速电梯，以优化电梯井的使用。乘客会在差不多位于大厦中间位置，即 41 层和 42 层的空中大厅换乘双层区间电梯。

双塔也在空中大厅处通过天桥彼此相连，天桥是一条长 190 英尺的钢铁人行通道，它不仅提供从一个塔顶前往另一个塔顶的通道，在遇到火灾或者其他紧急事件——类似世贸中心遭受恐怖袭击时，当其中一栋楼被迫进行疏散时，也可以作为一条逃生路线。但是天桥的设计引出了其他不同寻常的结构问题。由于两座建筑在风中可能既会出现同相位的摆动，也会出现不同相位的摆动，也可能向不同的方向弯曲变形，天桥不能和这两座耸立的建筑生硬地固定在一起。因此这里安装的特殊受力连接件须容许与之连接的两端各自在水平方向上至多可以产生 12 英寸的位移和扭转。由于这座天桥是如此之长，如果想要它的中间部位不下垂，那它本身一定会十分沉重，因此人们设计了一套细长的钢支腿，从每座大厦与天桥连接的位置以下 160 英尺处，斜向上连接到天桥的中心。为了避免细长的支架在风中剧烈地抖动，进而产生疲劳裂缝，在钢腿的内部设计并安装了调谐质量阻尼器。每个桅杆一样的尖顶也安装有阻尼器，形状就像一个能够吸收能源的、有橡胶护套的锁链。

石油双塔以及为吉隆坡城市中心所规划的所有建筑都属于人们所说的智能建筑，采用自动控制与通信系统，以减少能源消耗，并使用户的舒适度和使用的便利程度最大化。智能建筑的概念出现于 20 世纪 80 年代，当时环境和通信系统的安装与翻新费用正在不断增长。人们也开始认识到，与其为租客提供一个建筑的躯壳，让他们自己连通水电，具有集成网络功能的新建筑的优势更为明显。在石油双塔中，每一层楼或每两层楼都有自己独立空间内的空调和灯光系统，同时还有一个通用控制器，以应对未来尚不明确的使用需求。

尽管破纪录的高度是石油双塔最显著也最常被人们说起的特点，但是这样的高度纪录恐怕也是它们诸多特点中最容易被取代的，因为中国上海和澳大利亚墨尔本都在计划着建造更高的建筑。石油双塔为马来西亚的经济发展带来了更多长期的好处，在总理的指挥和支持下，伴随着双塔的设计和建设，数量可观的技术转让随之而来。举例来说，建造双塔所使用的高强度混凝土的制造技术在四年内得到发展，推动了马来西亚生产的混凝土强度翻倍。这意味着从此以后，楼房的建筑时间会更短，花费也会更少。

石油双塔项目的另一个副产品，是当地新产业的发展。双塔需要使用150 万平方英尺的不锈钢包层和玻璃，在表面建造 32000 个窗户，构成所谓的玻璃幕墙。位于明尼苏达州的哈尔蒙公司（Harmon Contract）是负责此次包层生产的联合公司中的一家，此次包层生产业务是该公司负责过的同类工作中规模最大的一项。为了赢得这份工作，哈尔蒙公司准备了一份

800 页的标书，以满足马来西亚对于提案既是教育工具也是商业手段的期盼。不仅如此，作为赢得如此大额的合同的条件，哈尔蒙公司被要求在马来西亚开设店铺，制造玻璃幕墙所需的材料，这一新产业也由此引入了马来西亚。

本土工程师和承包商在设计和建造世界上最高楼的过程中收获的经验，为他们在 2020 年之前完成吉隆坡城市中心其余的建设工作做好了准备。通过要求当地力量参与进来，意志坚强的总理所领导的马来西亚政府，保证了在世界其他地方已经建成更高的建筑之后的很长一段时间内，石油双塔项目所留下的遗产仍将继续服务于当地经济和社会。

致谢与参考文献

第一章 工程师的形象

这篇专栏文章发表在 1991 年 7/8 月刊的《美国科学家》之后，几位读者帮助我理清了斯泰因梅茨的身体状况，以及那张被篡改过的合照的相关细节。其中有一位医学博士哈特曼·弗莱德里奇（Hartmann H.R. Friederici），提到斯泰因梅茨并非侏儒，因为他的骨头是正常的长度。但是，他的脊柱发生扭曲后形成的角度恰好符合医学上名为脊柱后凸侧弯的情况。这种畸形在早几个世纪的中欧地区并不少见，《钟楼怪人》（*Hunchback of Notre Dame*）里的加西莫多就是受此影响。相似的案例有脊柱结核病，也是当时常见的疾病，因此如果没有发生畸形的话，斯泰因梅茨或许本可以长得和爱因斯坦一样高。弗莱德里奇博士还进一步提出，斯泰因梅茨较早去世的原因可能是肺部承受的压力过大，无法有效地扩张，心脏也是如此，所以可能最终导致了右侧心力衰竭。

西德尼·梅茨戈（Sydney Metzger）写给编辑的信刊登在 1991 年 11/12 月刊的《美国科学家》上，这封信提供了爱因斯坦和斯泰因梅茨那张截图合照的原大合照有关的细节，还有那张合照的复制品。梅茨戈还指出，斯泰因梅茨其实很喜欢特技摄影。在写给我本人的一封信中，伊瑟列·卡茨（Israel Katz）描述了他年轻时在通用电气公司担任测试工程师时，租住在斯泰因梅茨的管家和厨师的亲戚那里，看到过对方保存的斯泰因梅茨的照片收藏。

Dos Passos, John. *U.S.A.* New York: Modern Library, 1939.

Hammond, John Winthrop. *Charles Proteus Steinmetz: A Biography.* New York: Century, 1924.

Jordan, John M. "'Society Improved the Way You Can Improve a Dynamo': Charles P. Steinmetz and the Politics of Efficiency." *Technology and Culture* 30 (January 1989): 57–82.

Kline, Ronald R. *Steinmetz: Engineer and Socialist.* Baltimore: Johns Hopkins

University Press, 1992.

Kline, Ronald. "Manufacturing Legend: Charles Proteus Steinmetz as Modern Jove." *Engineering: Cornell Quarterly*, Autumn 1989, pp. 49–54. See also letter, ibid., Winter 1990, pp. 59-60.

LaFollette, Marcel C. *Making Science Our Own: Public Images of Science, 1910–1955.* Chicago: University of Chicago Press, 1990.

Leonard, Jonathan Norton. *Loki: The Life of Charles Proteus Steinmetz.* New York: Doubleday, Doran, 1930.

Nye, David E. *Image Worlds: Corporate Identities at General Electric, 1890–1930.* Cambridge, Mass.: MIT Press, 1985.

Wise, George. *Willis R. Whitney, General Electric, and the Origins of U.S. Industrial Research.* New York: Columbia University Press, 1985.

第二章 诺贝尔奖

这篇文章的删减版首次发表在 1987 年秋天的《科学与技术期刊》(*Issues in Science and Technology*) 上。文中所引用的阿尔弗雷德·诺贝尔遗嘱的英译版似乎具有一定的官方地位, 曾经出现在诺贝尔基金会发行的一本小册子里, 伊丽莎白·克劳福德 (Elizabeth Crawford) 在她针对诺贝尔档案所做的、有关今日众所周知的各项科学奖项起源的重要研究中也引用了这段文字, 并且没有做任何解释。

Bernhard, C. C. et al., eds. *Science and Technology in the Time of Alfred Nobel.* Oxford: Pergamon Press, 1982.

Crawford, Elisabeth. *The Beginnings of the Nobel Institution: The Science Prizes, 1901–1915.* Cambridge and Paris: Cambridge University Press and Éditions de la Maison des Sciences de l'Homme, 1984.

Heilbron, J. L. "*Fin-de-Siècle* Physics." In *Science and Technology in the Time of Alfred Nobel*, ed. C. C. Bernhard et al. Oxford: Oxford University Press, 1982.

Petroski, Henry. "The Draper Prize." *American Scientist*, March-April 1994, pp. 114-117.

Stahle, Nils K. *Alfred Nobel and the Nobel Prizes.* Stockholm: The Nobel Foundation,

1978.

Watson, J. G. *A Short History of the Institution of Civil Engineers*. London: Thomas Telford, 1982.

Wilhelm, Peter. *The Nobel Prize*. London: Springwood Books, 1983.

第三章 亨利·马丁·罗伯特

这篇文章首次发表在 1996 年 3/4 月刊的《美国科学家》上。凯瑟琳·波卓斯基向我提供了她根据美国国会图书馆（Library of Congress）的收藏所做的关于罗伯特的研究。

Mehren, E. J. "Henry Martyn Robert." *Engineering News-Record*, April 22, 1920, pp. 798–802.

Robert, Henry M. *Robert's Rules of Order, Revised*, 75th anniversary (6th) ed. Chicago: Scott, Foresman, 1951.

——. *The Scott, Foresman Robert's Rules of Order Newly Revised*, 9th ed., by Sarah Corbin Robert. Glenview, Ill.: Scott, Foresman, 1990.

Smedley, Ralph C. *The Great Peacemaker*. Santa Ana and Los Angeles, Calif.: Toastmasters International and Borden, 1955.

第四章 詹姆斯·内史密斯

这篇文章的删减版发表在 1990 年 2 月刊的《机械工程》上。

Emmerson, George S. *Engineering Education: A Social History*. Newton Abbot, Devon, Eng.: David & Charles, 1973.

Ferguson, Eugene S. "The Mind's Eye: Nonverbal Thought in Technology." *Science* 197 (August 26, 1977): 827–836.

Nasmyth, James. *James Nasmyth, Engineer: An Autobiography*, ed. Samuel Smiles. London: John Murray, 1885.

Newton, Isaac. *The Correspondence of Isaac Newton. Vol. I: 1661–1675*, ed. H. W. Turnbull. Cambridge: Cambridge University Press, 1959.

Rolt, L. T. C. *Victorian Engineering*. Hammondsworth, Middlesex, Eng.: Penguin, 1970.

第五章　信封的背面

这篇文章发表在1991年1/2月刊的《美国科学家》上。发表后不久一位来自特拉华州威尔明顿（Wilmington，Delaware）的读者吉尔伯特·斯隆博士（Dr. Gilbert J. Sloan）写道，约翰·史蒂文斯在他妻子的背上绘图这种行为所展示出的创造力，在不同领域中也有相似的体现。为了支持他的论点，斯隆博士引用了歌德《罗马哀歌》（*Roman Elegies*）中的一段，诗人在这里描述了和他的爱人一同度过的日日夜夜：

> 当睡意吞没她的时候，
>
> 我躺下来深深思索。常常，我甚至
>
> 在她的怀抱里写诗
>
> 用手指勾勒，细数
>
> 她脊背上六步格诗的小节……

Abbott, Philip G. "Introduction to Steel Supplement." *Civil Engineering* (London), November-December 1985, p. 5.

Allen, Oliver E. "The First Family of Inventors." *American Heritage of Invention & Technology*, Fall 1987, pp. 50-58.

Bartlett, John. *Familiar Quotations*, 14th ed. Boston: Little, Brown, 1980.

Baynes, Ken, and Francis Pugh. *The Art of the Engineer*. Woodstock, N.Y.: Overlook Press, 1981.

Billings, Henry. *Bridges*. New York: Viking, 1966.

Furhmann, Henry. "Why Things Fall Down." *Columbia*, April 1988, PP. 31–36.

第六章　成功的设计与失败的噩梦

这篇文章首次发表在1991年3/4月刊的《美国科学家》上。

Baynes, Ken, and Francis Pugh. *The Art of the Engineer*. Woodstock, N.Y.: Overlook

Press, 1981.

Ferguson, Eugene S. *Engineering and the Mind's Eye*. Cambridge, Mass.: MIT Press, 1992.

Friedel, Robert, and Paul Israel. *Edison's Electric Light: Biography of an Invention*. New Brunswick, N.J.: Rutgers University Press, 1986.

Gordon, J. E. *Structures: Or, Why Things Don't Fall Down*. New York: Da Capo Press, 1978.

Haldane, J. W. C. *Life as an Engineer: Its Lights, Shades and Prospects*. London, 1905.

Harris, P.R. *The Reading Room*. London: The British Library, 1979.

Hoover, Herbert. *Memoirs: Years of Adventure, 1874–1920*. New York: Macmillan, 1952.

Leonhardt, Fritz. *Bridges: Aesthetics and Design*. Cambridge, Mass.: MIT Press, 1984.

第七章　失败的承诺

这篇文章发表在 1994 年 1/2 月刊的《美国科学家》上，受到了参考文献中列出的莱韦森和特纳所著文章的启发，是迈克·梅和罗莎琳德·里德让我注意到了这篇文章。

Anonymous. "Ship Collisions Are Scheduled for Testing Validity of Computer Modelling." *Finite Element News*, April 1992, p. 40.

Casey, Steven. *Set Phasers on Stun: And Other True Tales of Design, Technology, and Human Error*. Santa Barbara, Calif.: Aegean Publishing, 1993.

Ferguson, Eugene S. *Engineering and the Mind's Eye*. Cambridge, Mass.: MIT Press, 1992.

Jakobsen, B. "The Loss of the Sleipner A Platform." *Proceedings of the Second International Offshore and Polar Engineering Conference*. San Francisco, June 1992, pp. 14–19.

Leveson, Nancy G., and Clark S. Turner. "An Investigation of the Therac-25 Accidents." *Computer*, July 1993, pp. 18–41.

Neumann, Peter G. *Computer-Related Risks*. New York and Reading, Mass.: ACM Press and Addison-Wesley, 1995.

Peterson, Ivars. *Fatal Defect: Chasing Killer Computer Bugs*. New York: Times Books,

1995.

Wiener, Lauren Ruth. *Digital Woes: Why We Should Not Depend On Software*. Reading, Mass.: Addison-Wesley, 1993.

第八章 社会背景下的工程

这篇文章首次发表在 1991 年 5/6 月刊的《美国科学家》上，其写作受到《高等教育纪事报》（*The Chronicle of Higher Education*）中的文章的启发。是布赖恩·海斯和罗莎琳德·里德的提醒让我注意到了这篇文章。

Billington, David P. *The Innovators: The Engineering Pioneers Who Made America Modern*. New York: Wiley, 1996.

——. *The Tower and the Bridge: The New Art of Structural Engineering*. New York: Basic Books, 1983.

Cutcliffe, Stephen H., and Robert C. Post, eds. *In Context: History and the History of Technology: Essays in Honor of Melvin Kranzberg*. Bethlehem, Pa.: Lehigh University Press, 1989.

Florman, Samuel C. *The Civilized Engineer*. New York: St. Martin's Press, 1987.

——. *The Introspective Engineer*. New York: St. Martin's Press, 1996.

Hughes, Thomas P. *American Genesis: A Century of Invention and Technological Enthusiasm, 1870–1970*. New York: Viking, 1989.

Rosenberg, N., and W. G. Vincenti. *The Britannia Bridge: The Generation and Diffusion of Technological Knowledge*. Cambridge, Mass.: MIT Press, 1978.

Vincenti, Walter G. *What Engineers Know and How They Know It: Historical Studies in the Nature and Sources of Engineering Knowledge*. Baltimore: Johns Hopkins University Press, 1990.

第九章 推动进步的人们

这篇文章发表在 1994 年 5/6 月刊的《美国科学家》上。文章中的许多背景信息，都来自史密森学会和库珀联盟速查资料库中的匿名文档，馆长和图书管理员好心地向我提供了它们的复印件。我非常感激史密森学会库珀-休伊特国家设计博物馆（Cooper-Hewitt, the National Design Museum）的艾戈·茨格斯（Eagle Zygas），在他的提醒下，我关注到了博物馆发表在《美国企业》（*American Enterprise*）目录中针对专利模型的相关研究。当我在一个未提前约定好的春日的午后到访，并且希望查看《推动进步的男人们》这幅画时，库珀联盟展现出了极致的友善。教务长爱德华·科尔克（Edward Colker）放下手边的工作，友好地带我进行私人参观。我也很感激哈罗德·默多克（Harold R. Murdock），他在读完这篇文章后，告知我萨廷的雕刻版曾经面向《科学美国人》的订阅者发放，并且向我展示了他拥有的《推动进步的男人们》的复制品。

American Society of Mechanical Engineers. *Mechanical Engineers Born Prior to 1861: A Biographical Dictionary.* New York: American Society of Mechanical Engineers, 1990.

Commissioner of Patents, comp. *Women Inventors to Whom Patents Have Been Granted by the United States Government, 1790 to July 1, 1888.* Washington, D. C.: U.S. Government Printing Office, 1888.

Cooper-Hewitt Museum. *American Enterprise: Nineteenth-Century Patent Models.* New York: Cooper-Hewitt Museum, 1984.

Cutcliffe, Stephen H., and Robert C. Post. *In Context: History and the History of Technology. Essays in Honor of Melvin Kranzberg.* Bethlehem, Pa.: Lehigh University Press, 1989.

Hindle, Brooke, and Steven Lubar. *Engines of Change: The American Industrial Revolution, 1790–1860.* Washington, D.C.: Smithsonian Institution Press, 1986.

Macdonald, Anne L. *Feminine Ingenuity: Women and Invention in America.* New York: Ballantine Books, 1992.

[Skirving, John.] *Key to the Engraving of Men of Progress—American Inventors. Engraved on Steel by John Sartain after the Original Painting by C. Schussele, of Philadelphia.* Germantown, Pa.: John Skirving [ca. 1863].

Stanley, Autumn. *Mothers and Daughters of Invention: Notes for a Revised History of Technology.* Metuchen, N.J.: Scarecrow Press, 1993.

第十章　土力学

这篇文章首次发表在 1996 年 9/10 月刊的《美国科学家》上。我非常感谢拉尔夫·佩克和理查德·古德曼（Richard E. Goodman），后者正在写作太沙基的传记。他们为专栏的初稿提供了有益的评论。

Bjerrum, L., et al. *From Theory to Practice in Soil Mechanics: Selections from the Writings of Karl Terzaghi.* New York: Wiley, 1960.

Donnicliff, John, and Don U. Deere, eds. *Judgment in Geotechnical Engineering: The Professional Legacy of Ralph B. Peck.* Vancouver, B.C.: BiTech Publishers, 1991.

Jumikis, Alfreds R. *Introduction to Soil Mechanics.* Princeton, N.J.: Van Nostrand, 1967.

Leonoff, Cyril E. *A Dedicated Team: Klohn Leonoff Consulting Engineers, 1951–1991.* Vancouver, B.C.: Klohn Leonoff, 1994.

Proceedings of the International Conference on Soil Mechanics and Foundation Engineering. Cambridge, Mass.: Harvard University, 1936.

Terzaghi, Charles. "Old Earth-Pressure Theories and New Test Results." *Engineering News-Record*, September 30, 1920, pp. 632–637.

——. "Principles of Soil Mechanics" [in eight parts]. *Engineering News-Record*, November 5, 1925, etc., p. 742, etc.

Terzaghi, Karl. *Theoretical Soil Mechanics.* New York: Wiley, 1943.

Terzaghi, Karl, and Ralph B. Peck. *Soil Mechanics in Engineering Practice.* New York: Wiley, 1948.

第十一章　科技发展有迹可循吗？

这篇文章的核心目的，是搭配国会图书馆收藏的一套照片，展示 20 世纪 20 年代美国的电台广播和收听情况。删减版刊登在 1997 年 2/3 月刊的《文明》（*Civilization*）上，这是国会图书馆的一本杂志。至少有一名读者对于略去了尼古拉·特斯拉（Nikola Tesla）——美国最高法院在 1943 年宣布的广播的发明者——的名字表示了强烈不满。我的文章并不是想反对这一点，而是要强调马尔科尼对于发挥这一发明的潜力所起到的作用。

Billington, David P. *The Innovators: The Engineering Pioneers Who Made America Modern*. New York: Wiley, 1996.

Carswell, Charles. *The Building of the Delaware River Bridge, Connecting Philadelphia, Pa., and Camden, NJ*. Burlington, N.J.: Enterprise Publishing, 1926.

Douglas, Susan J. *Inventing American Broadcasting, 1899–1922*. Baltimore: Johns Hopkins University Press, 1987.

Mannes, George. "The Birth of Cable TV." *American Heritage of Invention & Technology*, Fall 1996, pp. 42–50.

Schiffer, Michael Brian. *The Portable Radio in American Life*. Tucson: University of Arizona Press, 1991.

第十二章　蒸汽的利用

这篇文章首次发表在 1996 年 1/2 月刊的《美国科学家》上。

Burke, John G. "Bursting Boilers and Federal Power." *Technology and Culture* 7 (1966): 1–23.

Cross, Wilbur. *The Code: An Authorized History of the ASME Boiler and Pressure Vessel Code*. New York: American Society of Mechanical Engineers, 1990.

Rueth, Nancy. "Ethics and the Boiler Code." *Mechanical Engineering*, June 1975, pp. 34–36.

Scherer, F. M. "Invention and Innovation in the Watt-Boulton Steam-Engine Venture." *Technology and Culture* 6 (1965): 165–187.

Sinclair, Bruce. *A Centennial History of the American Society of Mechanical Engineers, 1880–1980*. Toronto: University of Toronto Press, 1980.

Turner, Roland, and Steven L. Goulden. *Great Engineers and Pioneers in Technology*. Volume I: *From Antiquity Through the Industrial Revolution*. New York: St. Martin's Press, 1981.

Vitruvius. *The Ten Books on Architecture*, trans. Morris Hicky Morgan. New York: Dover, 1960.

第十三章 大东方号

这篇文章首次发表在 1992 年 1/2 月刊的《美国科学家》上。文章没有包含此处列出的许多有关斯科特·罗素的资料。斯科特·罗素的资料则刊登在 1998 年 1/2 月刊的《美国科学家》上。

Anonymous. "Looking for Mr Brunel." *The Economist*, December 2, 1989, p. 70.

Beaver, Patrick. *The Big Ship*. London: Hugh Evelyn, 1969.

Beckett, Derrick. *Brunel's Britain*. Newton Abbot, Devon, Eng.: David & Charles, 1980.

Brunel, Isambard. *The Life of Isambard Kingdom Brunel, Civil Engineer*. London: Longmans, Green, 1870.

Buchanan, R.A. "The Great Eastern Controversy: A Comment." *Technology and Culture* 24 (1980): 98–106.

Emmerson, George S. "The Great Eastern Controversy: In Response to Dr. Buchanan." *Technology and Culture* 24 (1983): 107–113.

——. *John Scott Russell: A Great Victorian Engineer and Naval Architect*. London: John Murray, 1977.

——. "L. T. C. Rolt and the Great Eastern Affair of Brunel versus Scott Russell." *Technology and Culture* 21 (1980): 553–569.

Fairbairn, William. *Treatise on Iron Ship Building: Its History and Progress*. London: Longmans, Green, 1865.

Pugsley, Sir Alfred, ed. T*he Works of Isambard Kingdom Brunel: An Engineering Appreciation*. London: Institution of Civil Engineers, 1976.

Rolt, L. T. C. *Isamard Kingdom Brunel*. Hammondsworth, Middlesex, Eng.: Penguin, 1957.

Russell, J. Scott. *The Modern System of Naval Architecture*, 3 vols. London: Day & Son, 1865.

第十四章 经济驱动

这篇文章首次发表在 1991 年 11/12 月刊的《美国科学家》上。

Hutchings, David F. *QE2—A Ship for All Seasons*. Southampton: Kingfisher Railway Productions, 1988.

Miller, William H., Jr. *The Great Luxury Liners, 1927–1954: A Photographic Record*. New York: Dover, 1981.

Orlebar, Christopher. *The Concorde Story: Ten Years in Service*. Twickenham, Middlesex, Eng.: Temple Press, 1986.

Rolt, L. T. C. *Isambard Kingdom Brunel*. Harmondsworth, Middlesex, Eng.: Penguin, 1957.

Wohleber, Curt. "The Annihilation of Time and Space." *American Heritage of Invention & Technology*, Spring/Summer 1991, pp. 20–26.

第十五章 巴拿马运河

这篇文章发表在1993年1/2月刊的《美国科学家》上。1992年5月写作于"科斯塔·里维埃尔号"（S.S. Costa Riviera）汽船上，航行过程中，这艘船穿越巴拿马运河从大西洋驶入太平洋。

Abbot, Henry L. *Problems of the Panama Canal: Including Climatology of the Isthmus, Physics and Hydraulics of the River Chagres, Cut at the Continental Divide, and Discussion of Plans for the Waterway, with History from 1890 to Date*. New York: Macmillan, 1907.

Keller, Ulrich. *The Building of the Panama Canal in Historic Photographs*. New York: Dover, 1983.

Mack, Gerstle. *The Land Divided: A History of the Panama Canal and Other Isthmian Canal Projects*. New York: Knopf, 1944.

McCullough, David. *The Path Between the Seas: The Creation of the Panama Canal, 1870–1914*. New York: Simon & Schuster, 1977.

第十六章 费里斯摩天轮

这篇文章发表在1993年5/6月刊的《美国科学家》上。我很感激诺曼·安德森（Norman Anderson）在这篇文章发表后对它所作的批判性阅读。直到那时，我才发现他写作的有关摩天轮的精彩历史不仅带有插图，而且还包含着丰富的史实和逸事。

Anderson, Norman D. *Ferris Wheels: An Illustrated History*. Bowling Green, Ohio: Bowling Green State University Popular Press, 1992.

Anderson, Norman D., and Walter R. Brown. *Ferris Wheels*. New York: Pantheon, 1983.

Burg, David F. *Chicago's White City*. Lexington: University Press of Kentucky, 1976.

Funderburg, Anne. "America's Eiffel Tower." *American Heritage of Invention & Technology*, Fall 1993, pp. 8-14.

Jones, Lois Stodieck. *The Ferris Wheel*. Reno, Nev.: Grace Dangberg Foundation, 1984.

Snyder, Carl. "Engineer Ferris and His Wheel." *The Review of Reviews*, September 1893, pp. 269-276.

第十七章　胡佛水坝

这篇文章发表在 1993 年 11/12 月刊的《美国科学家》上。

Boyle, Robert H. "Life—or Death—for the Salton Sea?" *Smithsonian*, June 1996, pp. 87-96.

Hoover, Herbert. *Memoirs: The Cabinet and the Presidency, 1920–1933*. New York: Macmillan, 1952.

Mead, Elwood. "Hoover Dam." *Civil Engineering*, October 1930, pp. 3-8.

Moeller, Beverley Bowen. *Phil Swing and Boulder Dam*. Berkeley: University of California Press, 1971.

Stevens, Joseph E. *Hoover Dam: An American Adventure*. Norman: University of Oklahoma Press, 1988.

U.S. Bureau of Reclamation. *Hoover Dam, Power Plant and Appurtenant Works: Specifications, Schedule, and Drawings*. Washington, D.C.: U.S. Department of the Interior, 1930.

第十八章 英吉利海峡隧道

这篇文章发表在 1994 年 9/10 月刊的《美国科学家》上。

Byrd, Ty. *The Making of the Channel Tunnel*. London: Thomas Telford, 1994.

Byrne, Robert. *The Tunnel*. New York: Harcourt Brace Jovanovich, 1977.

Davidson, Frank P. Macro: *A Clear Vision of How Science and Technology Will Shape Our Future*. New York: Morrow, 1983.

Finch, James Kip. *Engineering and Western Civilization*. New York: McGraw-Hill, 1951.

Sandström, Gösta E. *Tunnels*. New York: Holt, Rinehart, & Winston, 1963.

Sargent, John H. "Channel Tunnel Project." *Journal of Professional Issues in Engineering* 114 (1988): 376–393.

Whiteside, Thomas. *The Tunnel Under the Channel*. New York: Simon & Schuster, 1962.

第十九章 吉隆坡石油双塔

这篇文章发表在 1996 年 7/8 月刊的《美国科学家》上。这篇文章从查尔斯·桑顿的著作中获得了许多信息和观点，他曾经在 1996 年 2 月到访杜克大学，并且就该项目作了一场很有说服力的讲座。我也很感激桑顿—托马塞蒂工程公司的副总裁莱昂纳多·约瑟夫（Leonard M. Joseph），他为专栏的初稿提供了建议。还有彼得·斯塔佛（Peter H. Stauffer），他帮助我理清了和马来语以及肯尼山形成的地理要素相关的信息。

Gargan, Edward A. "A Boom in Malaysia Reaches for the Sky." *The New York Times*, February 2, 1996, pp. C1, C3.

Reina, Peter, et al. "Malaysia Cracks Height Ceiling as It Catapults into Future." *Engineering News-Record*, January 15, 1996, pp. 36–54.

Robison, Rita. "Malaysia's Twins." *Civil Engineering*, July 1994, pp. 63–65

——. "The Twin Towers of Kuala Lumpur." *IEEE Spectrum*, October 1995, pp. 44–47.

Thornton, Charles H., et al. "High-Strength Concrete for High-Rise Towers." *Proceedings, American Society of Civil Engineers Structures Congress XIV*, Chicago, April 1996, pp. 15–18.

再造世界 | 工程师的冒险

译名对照表

人名、地名与机构名

A

A. G. 埃克斯特兰德 A. G. Ekstrand

阿德琳·伊丽莎白·罗伯特 Adeline Elizabeth Robert

阿勒格尼山脉 Allegheny Mountains

阿尔贝·马蒂厄 Albert Mathieu

阿尔伯特·爱因斯坦 Albert Einstein

阿尔伯特·福尔 Albert Fall

阿尔布雷希特·丢勒 Albrecht Dürer

阿尔弗雷德·诺布尔 Alfred Noble

阿尔弗雷德·伯恩哈德·诺贝尔 Alfred Bernhard Nobel

阿尔瓦罗·德萨韦德拉·德塞龙 Alvaro de Saavedra de Cerón

"阿基米德号" Archimedes

"阿卡迪亚号" Acadia

"阿列克托号" Alecto

阿灵顿国家公墓 Arlington National Cemetery

阿默科技学院 Armour Institute of Technology

阿瑟·卡萨格兰德 Arthur Casagrande

埃德·帕森斯 Ed Parsons

埃尔伯特·哈伯德 Elbert Hubbard

埃尔南多·科尔特斯 Hernando Cortez

埃尔伍德·米德 Elwood Mead

埃菲尔铁塔 Eiffel Tower

埃克托尔·奥罗 Hector Horeau

埃莉诺·鲍姆 Eleanor Baum

埃米尔·努吉耶 Émile Nouguier

埃文河 Avon River

埃兹拉·康奈尔 Ezra Cornell

艾奥瓦大学 University of Iowa

艾尔弗雷德·斯隆基金会 Alfred P. Sloan Foundation

艾梅·托梅·德·加蒙 Aimé Thomé de Gamond

艾萨克·牛顿 Isaac Newton

爱德华·萨默塞特 Edward Somerset

爱德华·沃特金 Edward Watkin

爱丁堡艺术学院 Edinburgh School of Arts

安大略癌症基金会 Ontario Cancer Foundation

安大略湖 Lake Ontario

安德鲁·卡内基 Andrew Carnegie

安德鲁·梅隆 Andrew W. Mellon

安东尼奥·帕尼齐 Antonio Panizzi

《奥德赛》*The Odyssey*

奥利弗·埃文斯 Oliver Evans

奥利弗·艾伦 Oliver Allen

奥斯曼·安曼 Othmar Ammann

奥托·冯·居里克 Otto von Guericke

再造世界｜工程师的冒险

"大不列颠号" Great Britain

"大城市下方软土区地道挖掘的危险性" "The Dangers of Tunneling in Soft Clays Beneath Large Cities"

大道乐园 Midway Plaisance

"大东方号" Great Eastern

大都会歌剧院 Metropolitan Opera

"大摩天轮" Great Wheel

'大拇指号' Tom Thumb

大卫·比林顿 David P. Billington

大卫·波特 David Porter

大卫·杜博斯·盖拉德 David Du Bose Gaillard

大西部铁路 Great Western Railway

"大西方号" Great Western

大西方汽船公司 Great Western Steam-Ship Company

大峡谷 Grand Canyon

《大英百科全书》 Encyclopaedia Britannica

大仲马 Alexandre Dumas

戴维·施泰因曼 David Steinman

戴维斯大坝 Davis Dam

丹尼尔·伯纳姆 Daniel H. Burnham

道格拉斯·费尔班克斯 Douglas Fairbanks

得州加尔维斯顿 Galveston, Texas

德哈维兰彗星型客机 De Havilland Comet

德尼·狄德罗 Denis Diderot

德尼·帕潘 Denis Papin

邓德拉姆湾 Durndrum Bay

狄奥尼修斯·拉德纳 Dionysius Lardner

帝国大厦 Empire State Building

帝国谷 Imperial Valley

蒂顿河谷 Teton River Canyon

蒂顿水坝 Teton Dam

电化学公司 Electrochemical Company

东得州癌症中心 East Texas Cancer Center

东方博览会 Oriemtal Exhibition

东方博览会（英国，1895 年）Oriental Exhibition (London, 1895)

杜克大学 Duke University

《对士力学的研究》"Research in Soil Mechanics"

E

E. J. 梅伦 E. J. Mehren

恩里科·卡鲁索 Enrico Caruso

F

《发明者：成就现代美国的工程学先锋》*The Innovators: The Engineering Pioneers Who Made American Modern*

法国国家铁路公司 Société Nationale de Chemin de Fer Français

法国海峡隧道委员会 Société Française du Tunnel Sous la Manche

福克兰群岛 Falkland Island

法茨拉·卡恩 Fazlur Khan

泛美博览会（布法罗，1901 年）Pan American Exposition (Buffalo, 1901)

"飞翔巨环" Aerio Cycle

菲尔·斯温 Phil Swing

菲尔斯 & 格雷汽车工厂 Fales & Gray Car Works

菲利普·比诺-瓦里拉 Philippe Bunau-Varilla

费迪南·德·莱塞普 Ferdinand de Lesseps

费迪南德·布劳恩 Ferdinand Braun

费里斯摩天轮 Ferris Wheel

弗兰克·戴维森 Frank Davidson

弗兰克·康拉德 Frank Conrad

弗兰克·克罗 Frank T. Crowe

弗朗索瓦·密特朗 François Mitterrand

弗朗西斯·皮尤 Francis Pugh

弗雷德·博蒙特 Fred Beaumont

弗雷德里克·西克尔斯 Frederick Sickels

弗瑞兹·莱昂哈特 Fritz Leonhardt

弗斯摩天轮 Firth Wheel

《福尔-戴维斯报告》The Fall-Davis Report

富兰克林·罗斯福 Franklin D. Roosevelt

富兰克林学会 Franklin Institute

G

G. W. G. 费里斯公司 G. W. G. Ferris and Company

伽利略 Galileo Galilei

高层建筑与城市住宅协会 Council on Tall Buildings and Urban Habitat

《高等教育纪事报》*The Chronicle of Higher Education*

戈丹·德·莱皮奈 Godin de Lépinay

哥伦比亚大学 Columbia University

"哥伦比亚号" Columbia

哥伦布世界博览会（芝加哥，1893 年）World's Columbian Exposition (Chicago,1893)

格拉茨 Graz

格拉斯哥大学 Glasgow University

格里姆叶轮 Grim wheels (propellers)

《工程师的人生故事》*Lives of the Engineers*

《工程师的艺术》*The Art of the Engineer*

《工程师的知识与认知方式》*What Engineers Know and How They Know it*

《工程实践中的土力学》*Soil Mechanics in Engineering Practice*

工程司法鉴定技术委员会 Technical Council on Forensic Engineering

《工程新闻》*Engineering News*

《工程新闻纪录》*Engineering News-Record*

《工程与西方文明》*Engineering and Western Civilization*

共济会会堂 Masonic Temple

狗岛 Isle of Dogs

古列尔莫·马尔科尼 Guglielmo Marconi

古斯塔夫·埃菲尔 Gustave Eiffel

瓜达卢佩圣母大教堂 Guadalupe National Shrine

《关于两门新科学的对话》*Dialogues Concerning Two New Sciences*

锅炉保险与蒸汽动力公司 Boiler Insurance and Steam Power Company

《锅炉规范》"Boiler Code"

《锅炉和压力容器规范》"Boiler and Pressure Vessel Code"（ASME）

《国会规则摘要》*Digest of the Rules of Congress*

国际电话电报公司 International Telephone & Telegraph Company.

国家饼干公司 National Biscuit Company

国家工程学学会 National Academy of Engineering

国家工程院 National Academy of Engineering

国家石油公司（马来西亚）Petroleum Nasional Berhad (Malaysia)

国家肖像美术馆 National Portrait Gallery

国家艺术馆 National Gallery of Art

H

95 号高速公路 U.S. Highway 95

H. C. 里普利 H. C. Ripley

哈尔蒙承包公司 Harmon Contract

哈佛大学 Harvard University

哈拉尔德·韦斯特加德 Harald M. Westergaard

哈里·杜鲁门 Harry Truman

哈里·钱德勒 Harry Chandler

哈罗德·伊克斯 Harold Ickes

哈特福德 Hartford

哈特福德蒸汽锅炉检验与保险公司 Hartford Steam Boiler Inspection and

Insurance Company.

海德莱文公司 Hydrolevel Corporation

海勒姆·约翰逊 Hiram Johnson

海伦·玛丽·罗伯特 Helen Marie Robert

《海上工程师》 *Offshore Engineer*

海峡大学 Boğaziçi University

《汉穆拉比法典》 Code of Hammurabi

汉普顿锚地 Hampton Roads

《毫厘之失》 *Set Phasers on Stun*

"合众国号" United States

《和平的缔造者们》 *Peacemakers*

荷马 Homer

赫伯特·胡佛 Herbert Hoover

亨利·比林斯 Henry Billings

亨利·伯登 Henry Burden

亨利·福特 Henry Ford

亨利·马丁·罗伯特 Henry Martyn Robert

亨利·莫兹利 Henry Maudsley

亨利·梭罗 Henry Thoreau

亨利·亚当斯 Henry Adams

胡佛水坝 Hoover Dam

花旗集团大厦 Citicorp Building

《华尔街日报》 *The Wall Street Journal*

华盛顿纪念碑 Washington Monument

华盛顿领地 Washington Territory

皇家工程学院 Imperial School of Engineers

皇家科学院 Royal Academy of Sciences

"皇家威廉号" Royal William

"皇家维多利亚号" Royal Victoria

黄热病 yellow fever

辉柏嘉公司 Faber-Castell

《会议公报》*Proceedings*

彗星 4 型客机 Comet 4

霍尔拜因 Holbein

霍默·卡明斯 Homer Cummings

霍内尔 Hornell

J

J. F. 谢伊公司 J. F. Shea Company

J. H. 范特霍夫 J. H. van't Hoff

J. L. 莫特钢铁厂 J. L. Mott Iron Works

J. W. C. 霍尔丹 J. W. C. Haldane

J. W. 肖布 J.W. Schaub

《机械工程》*Mechanical Engineering*

姬路市中央公园 Himeji Central Park

《基于土壤物理的土方工程力学》*Earthwork Based on Soil Physics*

吉隆坡 Kuala Lumpur

吉隆坡城市中心 Kuala Lumpur City Centre

《计算机协会通信》*Communications of ACM*

《技术与文化》*Technology and Culture*

加尔韦斯酒店 Hotel Galvez

加利福尼亚开发公司 California Development Company

加利福尼亚湾 Gulf of California

加拿大原子能有限公司 Atomic Energy of Canada Limited

加图恩大坝 Gatún Dam

加图恩湖 Gatún Lake

剑桥大学 Cambridge University

《教堂尖塔》*The Spire*

杰克·基尔比 Jack S. Kilby

杰克逊维尔 Jacksonville

《结构：建筑何以屹立不倒》*Structures: Or, Why Things Don't Fall Down*

《解析》*Key*

《金门》*The Gate*

金门大桥 Golden Gate Bridge

《经济学人》*The Economist*

旧金山工程师俱乐部 Engineers Club of San Francisco

"巨轮" La Grande Roue

"巨人皮特" Giant Peter

"巨型摩天轮" Gigantic Wheel

K

卡尔·奥古斯特·鲁道夫·斯泰因梅茨 Karl August Rudolf Steinmetz

卡尔·林德哈根 Carl Lindhagen

卡尔·太沙基 Karl Terzaghi

卡尔文·柯立芝 Calvin Coolidge

"卡乐多尼亚号" Caledonia

卡森河 Carson River

凯泽路桥公司 Kaiser Paving Co.

康尼岛 Caney Island

科技史学会 Society for the History of Technology

《科技与文化》*Technology and Culture*

科罗拉多河 Colorado River

《科罗拉多河协议》Colorado River Compact

科罗拉多河引水渠 Colorado River Aqueduct

科罗拉多沙漠 Colorado Desert

科普利广场 Copley Square

《科学、美术与工艺百科全书》*L'encyclopedie*

《科学美国人》*Scientific American*

克拉格斯-卡特-维尔及合伙人公司 Klages, Carter, Vail & Assoc.

再造世界｜工程师的冒险

雷·威尔伯 Ray Wilbur

李·德福雷斯特 Lee De Forest

理查德·霍 Richard Hoe

理查德·特里维西克 Richard Trevithick

理工俱乐部 Polytechnic Club

《理论土力学》*Theoretical Soil Mechanics*

利蒙湾 Limón Bay

"利维坦号" Leviathan

联合太平洋铁路 Union Pacific Railroad

联合学院 Union College

六公司股份有限公司 Six Companies, Inc.

垄断委员会 Subcommittee on Antitrust and Monopoly

卢坎 Lucan

卢瑟·库欣 Luther S. Cushing

"卢斯塔尼亚号" Lusitania

鲁道夫·艾克迈尔 Rudolph Eichemeyer

鲁道夫·利耶奎斯特 Rudolf Lilljeqvist

路德豪斯 Roodhouse

路易斯安那交易博览会 Louisiana Purchase Exposition

《伦敦观察家》*London Observer*

伦敦皇家学会 Royal Society of London

《伦敦新闻画报》*Illustrated London News*

伦斯勒理工学院 Rensselaer Polytechnic Institute

《轮船建造的现代系统》*The Modern System of Naval Architecture*

《论胡佛水坝的安全性》"Safety of Hoover Dam"

《论铁船制造》*Treatise on Iron Ship Building*

罗伯特·伯顿 Robert Burton

罗伯特·富尔顿 Robert Fulton

罗伯特·豪利特 Robert Howlett

罗伯特·胡克 Robert Hooke

罗伯特·诺伊斯 Robert N.Noyce

罗伯特·斯蒂芬森 Robert Stephenson

罗伯特学院 Robert College

《罗伯特议事规则（修订版）》*Robert's Rules of Order, Revised*

《罗伯特议事规则（最新修订版）》*Robert's Rules of Order, Newly Revised*

《罗伯特议事规则》*Robert's Rules of Order*

《洛杉矶时报》*Los Angeles Times*

M

M. 布尔东 M. Bourdon

麻省理工学院 Massachusetts Institute of Technology

马布尔峡谷 Marble Canyon

马恩岛 Isle of Man

《马尔科尼快讯》"Marconi bulletins"

马哈蒂尔·本·穆罕默德 Mahathir bin Mohammad

马克·伊桑巴德·布鲁内尔 Marc Isambard Brunel

马来西亚 Malaysia

马里奥·萨尔瓦多里 Mario Salvadori

马塞尔·拉福莱特 Marcel LaFollette

马修·博尔顿 Matthew Boulton

马修·瓦萨 Matthew Vassar

玛格丽特·奈特 Margaret Knight

玛格丽特·撒切尔 Margaret Thatcher

"玛丽女王号" Queen Mary

迈克尔·奥肖内西 Michael O'Shaughnessy

麦格雷戈·莱尔德 MacGregor Laird

麦克唐纳 & 米勒公司 McDonnell & Miller

麦克唐纳-卡恩建筑公司 MacDonald-Kahn Construction Company

麦哲伦海峡 Straits of Magellan

曼彻斯特—利兹铁路 Manchester & Leeds Railway

曼哈顿大桥 Manhattan Bridge

芒恩公司 Munn & Co.

"毛里塔尼亚号" Mauretania

梅尔文·克兰兹伯格 Melvin Kranzberg

"梅里马克号" Merrimac

梅奈海峡 Menai Strait

《美国创世纪》American Genesis

美国电话电报公司 American Telephone & Telegraph Co.

美国电气工程师学会 American Institute of Electrical Engineers

美国国家工程院 National Academy of Engineering

美国海军研究实验室 U.S. Naval Research Laboratory

美国机械工程师协会 American Society of Mechanical Engineers

美国计算机协会 Association for Computing Machinery

美国开垦局 U.S. Reclamation Service

美国科学研究荣誉协会 The Scientific Research Honor Society

美国六旗主题公园 Six Flags Great America theme park

美国陆军学院 U.S. Military Academy

美国桥梁公司 American Bridge Company

美国土木工程师协会 American Society of Civil Engineers

美国无线电公司 Radio Corporation of America

美国专利局 U.S. Patent Office

美国最高法院 U.S. Supreme Court

美联社 Associated Press

《美洲鸟类图谱》Birds of America

门洛帕克 Menlo Park

蒙托克大厦 Montauk Building

"梦幻摩天轮" Wonder Wheel

米德湖 Lake Mead

米尔沃尔 Millwall

米格林—拜特勒大厦 Miglin-Beitler Building

米申水坝 Mission Dam

密西西比河 Mississippi River

密西西比河谷印刷电报公司 Mississippi Valley Printing Telegraph Company

密歇根湖 Lake Michigan

缅因大学 University of Maine

摩尼托尔号" Monitor

摩天轮"拉链" Zipper

莫泊桑 Guy de Maupassant

莫哈维湖 Lake Mohave

莫霍克河 Mohawk River

莫里森–克努森公司 Morrison-Knudsen Co.

莫里斯·克什兰 Maurice Koechlin

莫莫通博火山 Momotombo

莫特港 Mott Haven

N

拿破仑·波拿巴 Napoleon Bonaparte

拿破仑三世 Napoleon III

纳瓦霍大桥 Navajo Bridge

南安普顿 Southampton

南希·莱韦森 Nancy Leveson

《内部风险》 "Inside Risks"

《内化科学：科学的公众形象，1910—1955》 *Making Science Our Own: Public Images of Science, 1910—1955*

《50 年、100 年和 150 年前》 "50, 100 and 150 Years Ago"

内森·罗森伯格 Nathan Rosenberg

《内战》 *Civil War*

尼尔斯·古斯塔夫·达伦 Nils Gustaf Dalén

再造世界｜工程师的冒险

尼古拉·德马雷 Nicolas Desmaret

尼古拉-莱昂纳尔-萨迪·卡诺 Nicolas-Léonard-Sadi Carnot

尼亚加拉瀑布 Niagara Falls

牛津大学 Oxford University

纽伦堡 Nuremberg

纽伦堡—慕尼黑铁路 Nuremberg & Munich Railroad

纽约港 New York Harbour

纽约理工大学 Polytechnic University

《纽约论坛报》 *New York Tribune*

《纽约时报》 *New York Times*

《纽约先驱报》 *New York Herald*

纽约证券交易所 New York Stock Exchange

诺贝尔基金会 Nobel Foundation

《诺贝尔基金会章程守则》The Code of Statutes of the Nobel Foundation

诺贝尔奖 Nobel Prizes

《诺贝尔奖的目的》"The Purpose of the Nobel Prizes"

"诺曼底号" Normandie

O

O. 彼得松 O. Pettersson

欧几里得 Euclid

欧内斯特·哈伦 Ernest Hallen

欧洲海峡隧道组织 European Channel Tunnel Group

P

帕丁顿车站 Paddington Station

帕默斯顿勋爵 Lord Palmerston

皮埃尔·罗伯特 Pierre Robert

匹兹堡 Pittsburgh

普林斯·菲利普 Prince Philip

普林斯顿大学 Princeton University

再造世界｜工程师的冒险

塞西莉亚·莫林格 Cecilia Muringer

赛勒斯·麦考密克 Cyrus McCormick

"三叶草号" Shamrock

三一教堂 Trinity Church

桑顿-托马塞蒂工程事务所 Thornton-Tomasetti Engineers

《上议院议员面前的富兰克林》*Franklin before the Lords in Council*

尚普兰湖 Lake Champlain

《审议机构议事规则口袋指南》*Pocket Manual of Rules of Order for Deliberative Assemblies*

《生活》*Life*

圣弗朗西斯水坝 St. Francis Dam

圣哥达隧道 St. Gotthard Tunnel

圣赫勒拿 St. Helena

圣胡安群岛的富卡岛 San Juan de Fuca Island

圣劳伦斯河 St. Lawrence River

圣路易斯市 St. Louis

《十九世纪》*The Nineteenth Century*

石油双塔 Petronas Towers

《时报》*Le Temps*

《时代周刊》*Times*

《实用和机械艺术史》"A History of Arts Illiberal and Mechanical"

实用军事工程学院 Department of Practical Military Engineering

史蒂文·凯西 Steven Casey

史密森学会 Smithsonian Institution

世纪进步博览会 Century of Progress Exposition

世贸中心（纽约）World Trade Center

梳邦机场 Subang Airport

水晶宫 Crystal Palace

《水力喷射装置对于工程建设的辅助作用》*The Water-Jet as an Aid to Engineering*

再造世界 | 工程师的冒险

《泰晤士报》 *The Times*

泰晤士河 River Thames

泰晤士隧道 Thames Tunnel

特拉华河大桥 Delaware River Bridge

特拉华湾 Delaware Bay

特万特佩克 Tehuantepec

特万特佩克地峡 Isthmus of Tehuantepec

"天空旋涡" Sky Whirl

"天狼星号" Sirius

田纳西河 Tennessee River

"挑战者号" Challenger

通用电气公司 General Electric Company

《土木工程》 *Civil Engineering*

土木工程师学会 Institution of Civil Engineers

土木工程学 civil engineering

《土木工程学的电脑：一个定时炸弹！》"Computers in Civil Engineering: A Time Bome!"

《推动进步的男人们》 *Men of Progress*

托马斯·爱迪生 Thomas Edison

托马斯·布兰查德 Thomas Blanchard

托马斯·格比 Thomas Guppy

托马斯·古奇 Thomas Gooch

托马斯·杰斐逊 Thomas Jefferson

托马斯·纽科门 Thomas Newcomen

托马斯·萨弗里 Thomas Savery

托马斯·特尔福德 Thomas Telford

托马斯·特雷德戈尔德 Thomas Tredgold

托马斯·休斯 Thomas P. Hughes

伍斯特 Worcester

X

西奥多·库珀 Theodore Cooper

西奥多·罗斯福 Theodore Roosevelt

西奥多·普斯卡斯 Theodore Puskas

西尔斯大厦 Sears Tower

西联电报公司 Western Union Telegraph Company

希罗 Hero

西屋电气公司 Westinghouse Electric Corporation

西萨·佩里 Cesar Pelli

悉尼·威廉森 Sydney B. Williamson

塞尼山隧道 Mount Cenis Tunnel

"响尾蛇号" Rattler

小 M. H. 格里 M. H.Gerry, Jr.

小 I. B. 霍利 I. B.Holley, Jr.

小乔治·华盛顿·盖尔·费里斯 George Washington Gale Ferris, Jr.

小西里尔·米恩斯 Cyril Means, Jr.

小詹姆斯·戈登·本内特 James Gordon Bennett, Jr.

新奥尔良 New Orleans

雪兰莪跑马场俱乐部 Selangor Turf Club

《寻找布鲁内尔先生》"Looking for Mr. Brunel"

Y

亚得里亚海沿岸 Adriatic Coast

亚基马谷纪念医院 Yakima Valley Memorial Hospital

亚历山大·冯·洪堡 Alexander von Humboldt

亚历山大·劳顿 Alexander R. Lawton

亚历山大·内史密斯 Alexander Nasmyth

《亚眠和约》Peace of Amiens

亚瑟·鲍威尔·戴维斯 Arthur Powell Davis

尤金·弗格森 Eugene S. Ferguson

尤利塞斯·辛普森·格兰特 Ulysses Simpson Grant

犹他建筑公司 Utah Construction Company

游乐轮 pleasure wheel

预防蒸汽锅炉爆炸协会 Association for the Prevention of Steam Boiler Explosions

约翰·埃里克森 John Ericsson

约翰·安德森 John Anderson

约翰·多斯·帕索斯 John Dos Passos

约翰·范德泽 John van der Zee

约翰·芬德利·华莱士 John Findley Wallace

约翰·弗兰克·史蒂文斯 John Frank Stevens

约翰·汉考克大厦 John Hancock Tower

约翰·济慈 John Keats

约翰·加德纳 John Gardner

约翰·鲁特 John W. Root

约翰·罗布林 John Roebling

约翰·乔丹 John Jordan

约翰·萨廷 John Sartain

约翰·史蒂文斯 John Stevens

约翰·斯柯文 John Skirving

约翰·斯科特·罗素 John Scott Russell

约翰·韦斯利·鲍威尔 John Wesley Powell

约翰·沃尔夫冈·冯·歌德 Johann Wolfgang von Goethe

约翰·伊夫林 John Evelyn

约翰·詹姆斯·奥杜邦 John James Audubon

约瑟夫·亨利 Joseph Henry

约瑟夫·帕克斯顿 Joseph Paxton

约瑟夫·萨克森 Joseph Saxon

约瑟夫·施特劳斯 Joseph Strauss

约瑟夫·史蒂文斯 Joseph Stevens

约瑟夫·托马斯·罗伯特 Joseph Thomas Robert